Treat yourself to an hour with Berlitz
Just listen and repeat

It's fun, not work. And you'll surprise your friends and yourself with the speed you pick up some basic expressions in the foreign language of your choice. These cassettes are recorded in hi-fi with four voices. Bringing native speakers into your home, they permit you to polish your accent and learn the basic phrases before you depart.

With each cassette is helpful 32-page script, containing pronunciation tips and the complete text of the dual-language recording.

An ideal companion for your Berlitz phrase book, pocket dictionary or travel guide. Order now!

BERLITZ SINGLE CASSETTES
Only $9.95/£5.95 (incl. VAT)

- ☐ 278 Arabic
- ☐ 221 Chinese
- ☐ 297 Danish
- ☐ 295 Dutch
- ☐ 296 Finnish
- ☐ 219 French
- ☐ 220 German
- ☐ 294 Greek
- ☐ 289 Hebrew
- ☐ 299 Hungarian
- ☐ 223 Italian
- ☐ 285 Japanese
- ☐ 287 Norwegian
- ☐ 279 Portuguese
- ☐ 288 Russian
- ☐ 298 Serbo-Croatian
- ☐ 222 Spanish (Castil.)
- ☐ 259 Spanish (Lat. Am.)
- ☐ 286 Swedish

TOTAL SINGLES [   ]

Please note the total number of each item requested and complete the reverse side of this order form. 11407

$	£
From New York	**From London**
Total units _____ at $9.95 each	Total units _____ at £5.95
Total amount enclosed $ _____	Total amount enclosed £ _____
(N.Y. residents add sales tax)	(VAT is included)

Name _____

Address _____

_____

_____

Please complete and return this order form to:

Berlitz Publications, Inc.
P.O. Box 506
Delran, N.J. 08370-0506
U.S.A.

or

Cassell Ltd.
1 St. Anne's Road
Eastbourne
East Sussex, BN21 3UN
U.K.

Please order Berlitz books through your bookseller. Should you encounter any difficulties, write directly to any of the distributors listed on the back cover.

BERLITZ

SERBO-CROATIAN
FOR TRAVELLERS

By the staff of Editions Berlitz

Copyright © 1974 by Editions Berlitz, a division of Macmillan S.A.

All rights reserved. No part of this book may be reproduced or transmitted in any form or by any means, electronic or mechanical, including photocopying, recording or by any information storage and retrieval system, without permission in writing from the Publisher.

Library of Congress Catalog Card Number: 73-2272

7th printing 1985

Printed in Switzerland

Berlitz Trademark Reg. U.S. Patent Office
and other countries—Marca Registrada

Editions Berlitz
1, avenue des Jordils
1000 Lausanne 6, Switzerland

Preface

You are about to visit Yugoslavia. Our aim is to give you a new and more practical type of phrase book to help you on your trip.

Serbo-Croatian for Travellers provides:

* all the phrases and supplementary vocabulary you will need on your trip
* a wide variety of tourist and travel facts, tips and useful information
* a complete phonetic transcription, showing you the pronunciation of all the words and phrases listed
* special sections showing the replies your listener might give to you – just hand him the book and let him point to the appropriate phrase. This is especially practical in certain difficult situations (doctor, car mechanic, etc.). It makes direct, quick and sure communication possible
* a logical system of presentation so that you can find the right phrase for the immediate situation
* quick reference through colour coding. The major features of the contents are on the back cover; a complete index is given inside.

These are just a few of the practical advantages. In addition, the book will prove a valuable introduction to life in Yugoslavia.

There is a comprehensive section on Eating Out, giving translations and explanations for practically anything one would find on a menu in Yugoslavia; there is a complete Shopping

Guide that will enable you to obtain virtually anything you want. Trouble with the car? Turn to the mechanic's manual with its dual-language instructions. Feeling ill? Our medical section provides the most rapid communication possible between you and the doctor.

To make the most of *Serbo-Croatian for Travellers*, we suggest that you start with the "Guide to Pronunciation". Then go on to "Some Basic Expressions". This not only gives you a minimum vocabulary; it helps you to pronounce the language.

We are particularly grateful to Dr. Naum R. Dimitrijević and to Mr. Rudolf Farkaš for their help in the preparation of this book, and also to Dr.T.J.A.Bennett for his help in creating the phonetic transcription. Additionally, we wish to thank the Yugoslav National Tourist Office for its assistance.

We shall be very pleased to receive any comments, criticisms and suggestions that you think may help us in preparing future editions.

Thank you. Have a good trip.

Guide to pronunciation

The alphabet

Two different alphabets are used in Yugoslavia. Our Roman alphabet is in use in Slovenia and Croatia; elsewhere the Cyrillic alphabet (more or less like the Russian one) is dominant. Given below are the characters which the Cyrillic alphabet, as used in Yugoslavia, comprises. The column at left shows the printed capital and small letters while written letters are shown in the center column. At right the corresponding letters are shown in the Roman alphabet which we're using in this book.

Printed	Written	Roman
А а		a
Б б		b
Ц ц		c
Ч ч		č
Ћ ћ		ć
Д д		d
Џ џ		dž (cap. **Dž**)
Ђ ђ		dj or đ (cap. **Dj** or **Đ**)
Е е		e
Ф ф		f
Г г		g
Х х		h
И и		i
Ј ј		j
К к		k
Л л		l
Љ љ		lj (cap. **Lj**)
М м		m
Н н		n
Њ њ		nj (cap. **Nj**)
О о		o
П п		p
Р р		r
С с		s
Ш ш		š
Т т		t
У у		u
В в		v
З з		z
Ж ж		ž

This, of course, is not enough to pronounce Serbo-Croatian. We're offering you a helping hand by providing "imitated pronunciation" throughout this book. This and the following chapter are intended to make you familiar with the transcription we devised and to help you get used to the sounds of Serbo-Croatian.

As a minimum vocabulary for your trip, we have selected a number of basic words and phrases under the title "Some Basic Expressions" (pages 11–16).

An outline of the sounds of Serbo-Croatian

You will find the pronunciation of the Serbo-Croatian letters and sounds explained below, as well as the symbols we're using for them in the transcriptions. Note that Serbo-Croatian has some diacritical letters – with accent marks – which we do not know in English. On the other hand, **q, w, x** and **y** do not exist in Serbo-Croatian. A basic rule for handling Serbo-Croatian might be: pronounce it as it's written – every letter is pronounced, and its pronunciation is always the same, regardless of its position in a word.

The imitated pronunciation should be read as if it were English, bearing in mind that there are no "silent" letters in our transcriptions except for any special rules set out below. Of course, the sounds of any two languages are never exactly the same; but if you follow carefully the indications supplied here, you will have no difficulty in reading our transcriptions in such a way as to make yourself understood. After that, listening to the native speakers on the record and constant practice will help you to improve your accent.

In the transcriptions, letters shown in bold print should be read with more stress (louder) than the others.

Consonants

Letter	Approximate pronunciation	Symbol	Example	
b	like b in brother	b	**brat**	braht
c	like ts in tse-tse	ts	**cesta**	tsehstah
č	like ch in church	ch	**čuti**	chootee
ć	like ch in cheap (a little further forward in the mouth than č; called a "soft" č)	ch	**ćerka**	chehrkah
d	like d in down	d	**dole**	doleh
dž	like j in June	j	**džem**	jehm
dj	like j in jeep (a "soft" dž); also written đ	j	**djak**	jahk
f	like f in father	f	**figura**	feegoorah
g	like g in go	g	**gde**	gdeh
h	like h in house	h	**hleb**	hlehb
j	like y in yoke	y	**ja**	yah
k	like k in key	k	**kuća**	koochah
l	like l in lip	l	**lep**	lehp
lj	like l in failure	lʸ	**ljubav**	lʸoobahv
m	like m in mouth	m	**most**	most
n	like n in not	n	**ne**	neh
nj	like ni in onion	ñ	**njegov**	ñehgov
p	like p in put	p	**policija**	poleetseeyah
r	like r in rope	r	**reka**	rehkah
s	like s in sister	s	**sestra**	sehstrah
š	like sh in ship	sh	**šta**	shtah
t	like t in top	t	**tamo**	tahmo
v	like v in very	v	**vrlo**	verlo
z	like z in zip	z	**zvezda**	zvehzdah
ž	like s in pleasure	zh	**želim**	zhehleem

Note: The letter **r** can also act as a vowel, as for example, in the word **vrlo** or in the name of the island **Krk**; in this case, it should be pronounced rather like a Scottish r, e.g., **Krk** is pronounced kerk.

Vowels

a	like **a** in f**a**ther	ah	**sat**	saht
e	like **e** in g**e**t	eh	**svet**	sveht
i	like **i** in **i**t	ee	**iz**	eez
o	like **o** in h**o**t	o	**ovde**	ovdeh
u	like **oo** in b**oo**m	oo	**put**	poot

Some basic expressions

Yes.	**Da.**	dah
No.	**Ne.**	neh
Please.	**Molim.**	moleem
Thank you.	**Hvala.**	hvahlah
Thank you very much.	**Hvala Vam mnogo.**	hvahlah vahm **mn**ogo
That's all right.	**Molim.**	moleem

Greetings

Good morning.	**Dobro jutro.**	dobro **y**ootro
Good afternoon.	**Dobar dan.**	dobahr dahn
Good evening.	**Dobro veče.**	dobro vehcheh
Good night.	**Laku noć.**	lahkoo noch
Good-bye.	**Zbogom.**	zbogom
See you later.	**Dovidjenja.**	doveejehnyah
This is Mr....	**Ovo je Gospodin...**	ovo yeh gospodeen
This is Mrs....	**Ovo je Gospodja...**	ovo yeh gospojah
This is Miss...	**Ovo je Gospodjica...**	ovo yeh gospojeetsa
I'm very pleased to meet you.	**Milo mi je da sam Vas upoznao.**	meelo mee yeh dah sahm vahs oopoznaho
How are you?	**Kako ste?**	kahko steh
Very well, thank you.	**Hvala, vrlo dobro.**	fahlah verlo dobro
And you?	**A Vi?**	ah vee
Fine.	**Dobro.**	dobro
Excuse me.	**Izvinite.**	eezveehneehteh

There's often a difference in grammatical form depending upon whether the person speaking is a man or a woman. We've used masculine forms throughout in this book except in cases where the feminine seemed more appropriate.

Questions

Where?	**Gde?**	gdeh
Where is...?	**Gde je...?**	gdeh yeh
Where are...?	**Gde su...?**	gdeh soo
When?	**Kad?**	kahd
What?	**Šta?**	shtah
How?	**Kako?**	kahko
How much?	**Koliko?**	koleeko
How many?	**Koliko?**	koleeko
Who?	**Ko?..**	ko
Why?	**Zašto?**	zahshto
Which?	**Koji / Koja / Koje?**	koyee / koyah / koyeh
What do you call this?	**Kako se ovo zove?**	kahko seh ovo zoveh
What do you call that?	**Kako se zove ono?**	kahko seh zoveh ono
What does this mean?	**Šta ovo znači?**	shtah ovo znahchee
What does that mean?	**Šta ono znači?**	shtah ono znahchee

Do you speak...?

Do you speak English?	**Govorite li engleski?**	govoreeteh lee ehnglehskee
Do you speak German?	**Govorite li nemački?**	govoreeteh lee nehmahchkee
Do you speak French?	**Govorite li francuski?**	govoreeteh lee frahntsooskee
Do you speak Spanish?	**Govorite li španski?**	govoreeteh lee shpahnskee
Do you speak Italian?	**Govorite li italijanski?**	govoreeteh lee eetahleeyahnskee
Could you speak more slowly, please?	**Možete li govoriti sporije molim Vas?**	mozhehteh lee govoreetee sporeeyeh moleem vahs

SOME BASIC EXPRESSIONS

lease point to the hrase in the book.	**Pokažite mi molim Vas tu frazu u knjizi.**	pokahzheeteh mee moleem vahs too frahzoo oo kñeezee
ust a minute. I'll see I can find it in this ook.	**Samo trenutak. Videću da li mogu da je nadjem u knjizi.**	sahmo trehnootahk. vee-dehchoo dah lee mogoo dah yeh nahjehm oo kñeezee
understand.	**Razumem.**	rahzoomehm
don't understand.	**Ne razumem.**	neh rahzoomehm

:an...?

an I have...?	**Mogu li dobiti...?**	mogoo lee dobeetee
an we have...?	**Možemo li dobiti...?**	mozhehmo lee dobeetee
an you show me...?	**Možete li mi pokazati...?**	mozhehteh lee mee pokahzahtee
an you tell me...?	**Možete li mi reći...?**	mozhehteh lee mee rehchee
an you help me, lease?	**Možete li mi pomoći molim Vas?**	mozhehteh lee mee pomochee moleem vahs

Wanting

d like......	**Želeo bih...**	zhehleho beeh
Ve'd like...	**Želeli bismo...**	zhehlehlee beesmo
lease give me...	**Molim Vas dajte mi...**	moleem vahs dahyteh mee
ive it to me, please.	**Dajte mi to molim Vas.**	dahyteh mee to moleem vahs
lease bring me...	**Molim Vas donesite mi...**	moleem vahs donehseeteh mee

SOME BASIC EXPRESSIONS

SOME BASIC EXPRESSIONS

Bring it to me, please.	**Donesite mi to molim Vas.**	donehseeteh mee to moleem vahs
I'm hungry.	**Gladan sam.**	glahdahn sahm
I'm thirsty.	**Žedan sam.**	zhehdahn sahm
I'm tired.	**Umoran sam.**	oomorahn sahm
I'm lost.	**Zalutao sam.**	zahlootaho sahm
It's important.	**Važno je.**	vahzhno yeh
It's urgent.	**Hitno je.**	heetno yeh
Hurry up!	**Požurite!**	pozhooreeteh

It is/There is...

It is/it's...	**To je...**	to yeh
Is it...?	**Da li je to...?**	dah lee yeh to
It isn't...	**To nije...**	to neeyeh
There is/There are...	**Ima...**	eemah
Is there/Are there...?	**Ima li...?**	eemah lee
There isn't/There aren't...	**Nema...**	nehmah
There isn't/There aren't any.	**Nema.**	nehmah

A few common words

big/small	**veliko/malo**	vehleeko/mahlo
quick/slow	**brzo/sporo**	berzo/sporo
early/late	**rano/kasno**	rahno/kahsno

cheap / expensive	**jeftino / skupo**	yeh**f**teeno / s**koo**po
near / far	**blizu / daleko**	**blee**zoo / dah**leh**ko
hot / cold	**vruće / hladno**	**vroo**cheh / **hlah**dno
full / empty	**puno / prazno**	**poo**no / **prah**znoh
easy / difficult	**lako / teško**	**lah**ko / **teh**shko
heavy / light	**teško / lako**	**teh**shko / **lah**ko
open / shut	**otvoreno / zatvoreno**	o**tvo**rehno / **zaht**vorehno
right / wrong	**tačno / pogrešno**	**tah**chno / po**gresh**no
old / new	**staro / novo**	**stah**ro / **no**vo
old / young	**star / mlad**	stahr / mlahd
beautiful / ugly	**lepo / ružno**	**leh**po / **roozh**no
good / bad	**dobro / loše**	**do**bro / **lo**sheh
better / worse	**bolje / lošije**	**bol**ʸeh / **lo**sheeyeh

A few prepositions and some more useful words

at	**kod**	kod
on	**na**	nah
in	**u**	oo
to	**ka**	kah
from	**od**	od
inside	**unutra**	oo**noo**trah
outside	**napolju**	nah**pol**ʸoo
up	**gore**	**go**reh
down	**dole**	**do**leh
before	**pre**	preh
after	**posle**	**pos**leh

SOME BASIC EXPRESSIONS

with	**sa**	sah
without	**bez**	behz
through	**kroz**	kroz
towards	**prema**	**preh**mah
until	**do**	do
during	**za vreme**	zah **vreh**meh
and	**i**	ee
or	**ili**	eelee
not	**ne**	neh
nothing	**ništa**	**neesh**tah
none	**ni jedan**	nee **yeh**dahn
very	**vrlo**	verlo
also	**takodje**	**tah**kojeh
soon	**uskoro**	**oos**koro
perhaps	**možda**	**mozh**dah
here	**ovde**	**ov**deh
there	**tamo**	**tah**mo
now	**sada**	**sah**dah
then	**tada**	**tah**dah

A very basic grammar

The language

Here are a few practical linguistic hints for the English-speaking visitor to Yugoslavia.

As a matter of fact, three different languages are spoken in Yugoslavia: Serbo-Croatian, Slovenian and Macedonian. These three have equal political and social status but Serbo-Croatian is the most widely known and used. Slovenian is spoken only in Slovenia, Macedonian in Macedonia and Serbo-Croatian in the rest of the country; the latter is also well known to all educated Slovenes and Macedonians. As regards foreign languages, German is widely understood in Croatia and Slovenia, and Italian along the coast. So try your luck on those, too, if you like.

There are slight differences between the version of Serbo-Croatian used in Serbia and the one used in Croatia. Spelling and pronunciation are not quite the same. However, this will not cause great trouble to the tourist. More important are the differences in vocabulary. Here are some of the most current of them:

	in Serbia	in Croatia
air	**vazduh**	**zrak**
bread	**hleb**	**kruh**
cinema (movies)	**bioskop**	**kino**
floor (storey)	**sprat**	**kat**
road	**put (drum)**	**cesta**
spoon	**kašika**	**žlica**
theatre	**pozorište**	**kazalište**
train	**voz**	**vlak**
university	**univerzitet**	**sveučilište**
week	**nedelja**	**tjedan**

In this book, we have tried to allow for these divergencies. Sometimes you will find alternatives for words, given in brackets [ ] in the Serbo-Croatian text. If your listener cannot understand your first expression, try the alternative in brackets.

Nouns

One of the most striking differences between English and Serbo-Croatian is that there are no definite or indefinite articles to accompany the nouns. **Dečak** means "boy" and "a boy" as well as "the boy". Which of these is meant exactly is inferred from the context, or sometimes by the use of demonstrative pronouns ("this" or "that").

Every noun has its own gender. There are three genders in Serbo-Croatian: masculine, feminine and neuter. They can be roughly distinguished as follows:

1. Nouns of masculine gender end in a consonant in the singular and generally in **-i** in the plural, e.g.:

hotel	hotel	**avion**	aeroplane
hoteli	hotels	**avioni**	aeroplanes

2. Nouns of feminine gender mostly end in **-a** in the singular and in **-e** in the plural, e.g.:

obala	coast	**reka**	river
obale	coasts	**reke**	rivers

3. Neuter nouns mostly end in **-e** (sometimes in **-o**) in the singular, and in the plural mostly in **-a,** e.g.:

more	sea	**selo**	village
mora	seas	**sela**	villages

There is a rather complicated system for declining these nouns. For each gender, there are seven different cases in singular and plural. These cases are formed by endings which are added to the nouns. To give you an idea, here is the declension in the singular of the masculine noun **put** (road), the feminine **žena** (woman) and neuter **dete** (child).

1. Nominative (who?)	put	žena	dete
2. Genitive (whose?)	puta	žene	deteta
3. Dative (to whom?)	putu	ženi	detetu
4. Accusative (whom?- dir. obj.)	put	ženu	dete
5. Vocative (used in address)	pute	ženo	dete
6. Instrumental (with what?)	putom	ženom	detetom
7. Locative (where?)	putu	ženi	detetu

Adjectives

Adjectives generally precede the noun they accompany. They correspond with the noun in gender, number and case, e.g.:

| **širok put** | wide road | **široka reka** | wide river |
| **široki putevi** | wide roads | **široke reke** | wide rivers |

Several suffixes are used to construct the comparative and superlative forms of adjectives. The most common way is the following: to form the comparative, add **-iji** to the adjective (in the feminine **-ija,** in the neuter **-ije**), e.g.:

star	old	**jeftin**	cheap
stariji	older	**jeftiniji**	cheaper
(-ija,-ije)		(-ija, -ije)	

Od is the equivalent of "than" when comparing two objects.

Ova soba je jeftinija od Vaše. This room is cheaper than yours.

The superlative is constructed by adding the prefix **naj-** to the comparative form, e.g.:

| **stariji** | older | **jeftiniji** | cheaper |
| **najstariji** | oldest | **najjeftiniji** | cheapest |

Here are some frequently used adjectives which are not quite regular in the way they form their comparatives:

		Comparative	Superlative
far	dalek	dalji	najdalji
fast	brz	brži	najbrži
good	dobar	bolji	najbolji
large (big)	velik	veći	najveći
long	dug	duži	najduži
small	malen	manji	najmanji

The table below shows the demonstrative adjectives of the three genders in the nominative case:

	Masculine	Feminine	Neuter
this	ovaj	ova	ovo
that	taj	ta	to
these	ovi	ove	ova
those	ti	te	ta

Personal pronouns

Here's another important difference from English: the personal pronoun indicating the subject of the verb is usually omitted. It's just not necessary, for the ending of the verb already indicates it sufficiently. Also note the use of the polite form in the second person, **Vi,** which corresponds to the German **Sie** or the French **vous.**

I	ja	we	mi
you	ti/Vi	you	vi/Vi
he, she, it	on, ona, ono	they	oni

Verbs

The verb system in Serbo-Croatian is too complex to be explained in a few lines. Here we only have room to give you a basic idea of what it's like. Easily enough, however, the infinitive of verbs either ends in **-ti** or **-ći.**

The present tense of the verb "to go" is as follows:

(ja) idem	I go	**(mi) idemo**	we go
(ti) ideš	you go	**(vi) idete**	you go
(on) ide	he goes	**(oni) idu**	they go

As there's no continuous tense in Serbo-Croatian, **ja idem** means both "I'm going" and "I go".

...and here's the conjugation, in the present tense, of two important auxiliaries, "to have" and "to be".

imati (to have)		biti (to be)	
imam	imamo	sam	smo
imaš	imate	si	ste
ima	imaju	je	su

In the compound tenses, the past participle agrees always with the gender and number of the subject of the verb. This occurs regularly in our book, e.g.:

I've asked...	**Ja sam poručio...**	I've asked...	**Ja sam poručila...**
(said by a man)		(said by a woman)	

The negative form of the verb is usually made by inserting the word **ne** ("not") before the verb:

Idem.	I go.	**Ne idem.**	I don't go.

The interrogative is usually formed by placing **li** after the verb in the affirmative form of the sentence:

Idemo u Dubrovnik. We're going to Dubrovnik.
Idemo li u Dubrovnik? Are we going to Dubrovnik?

Arrival

You've arrived. Whether you've come by ship or plane, you'll have to go through passport and customs formalities (for car/border control, see page 145).

There's certain to be someone around who speaks English. That's why we're making this a brief section. What you want is to be off to your hotel in the shortest possible time. Here are the stages for a speedy departure.

Passport control

Here's my passport.	Ovo je moj pasoš.	ovo yeh moy pahsosh
I'll be staying...	Ja ostajem...	yah ostahyehm
a few days	par dana	pahr dahna
a week	nedelju dana	nehdehlyoo dahnah
two weeks	dve nedelje	dveh nehdehlyeh
a month	mesec dana	mehsehts dahnah
I don't know yet.	Još ne znam.	yosh neh znahm
I'm here on holidays.	Ja sam ovde na odmoru.	yah sahm ovdeh nah odmoroo
I'm here on business.	Ja sam ovde poslovno.	yah sahm ovdeh poslovno
I'm just passing through.	Samo sam na proputovanju.	sahmo sahm nah propootovahñoo

If things become difficult:

I'm sorry, I don't understand. Is there anyone here who speaks English?	Izvinite, ne razumem. Da li ima neko ko govori engleski?	eezveeneeteh neh rahzoomehm. dah lee eemah nehko ko govoree ehnglehskee

Customs

The chart below shows what you can bring in duty free.*

Cigarettes	Cigars	Tobacco (grams)	Liquor (spirits)	Wine
200	or 50	or 250	1 l	and 1 l

I've nothing to declare.	Ja nemam ništa za carinjenje.	ya **neh**mahm **nees**htah zah **tsah**reeñehñeh
I've...	Imam...	ee**mahm**
a carton of cigarettes	deset kutija cigareta	**deh**seht koo**tee**yah tseegah-**reh**tah
a bottle of whisky	jednu flašu viskija	**yehd**noo **flah**shoo **vees**keeyah
a bottle of wine	jednu flašu vina	**yehd**noo **flah**shoo **vee**nah
Must I pay on this?	Moram li da platim za ovo?	**mo**rahm lee dah **plah**teem zah **o**vo
How much?	Koliko?	ko**lee**ko
It's for my personal use / it's not new.	To je za moju ličnu upotrebu / to nije novo.	to yeh zah **mo**yoo **leech**noo oopo**treh**boo / to **nee**yeh **no**vo

Possible answers

Morate platiti carinu za ovo.	You'll have to pay duty on this.
Platite, molim Vas, na šalteru preko.	Please pay at the office over there.
Imate li još prtljaga?	Have you any more luggage?
Otvorite, molim Vas, ovu torbu.	Open this bag, please.

---

* All allowances subject to change without notice.

Baggage – Porters

Porters in Yugoslavia won't take your bags through customs for you. You can give your bags to a porter only after you've passed through customs.

Porter!	**Nosač!**	nosach
What's your number?	**Koji je Vaš broj?**	koyee yeh vash broy
Can you help me with my luggage?	**Možete li mi poneti prtljag?**	mozhehteh lee me ponehtee pertlʸahg
That's mine.	**Ovo je moje.**	ovo yeh moyeh
That's my...	**To je moja...**	to yeh moyah
bag/luggage/suitcase	**torba/prtljag/kofer**	torbah/pertlʸahg/kofehr
That...one.	**Onaj...**	onahy
blue/brown/black	**plavi/braon/crni**	plahvee/brahon/tsernee
big/small	**veliki/mali**	vehleekee/mahlee
There's one piece missing.	**Jedan komad nedostaje.**	yehdahn komahd nehdostahyeh
I'm looking for porter 19.	**Ja trižim nosača broj 19.**	yah trahzheem nosahchah broy 19
Take this bag to the...	**Odnesite ovu torbu do...**	odnehseeteh ovoo torboo do
taxi/bus/luggage lockers	**taksija/autobusa/ garderobe**	tahkseeyah/ahootoboosah/ gahrdehrobeh
Get me a taxi, please.	**Zovnite mi taksi, molim Vas.**	zovneeteh mee tahksee moleem vahs
Where's the bus for the railway station?	**Gde je autobus za železničku stanicu?**	gdeh yeh ahootoboos zah zhehlehzneechkoo stahneetsoo
How much is that?	**Koliko košta?**	koleeko koshtah

ARRIVAL

Note: There is no fixed charge for porters in Yugoslavia. The charge per bag depends on the distance it's carried and the city you're in.

Changing money

You'll find a banking service or a currency exchange office at most airports. If it's closed, don't worry. You'll be able to change money at your hotel.

Full details about money and exchange are given on pages 134-136.

Can you change a traveller's cheque (check)?	**Možete li mi promeniti putni ček?**	mozhehteh lee mee promehneetee pootnee chehk
I want to change some...	**Želim da promenim nekoliko...**	zhehleem dah promehneem nehkoleeko
traveller's cheques	**putnih čekova**	pootneeh chehkovah
dollars	**dolara**	dolahrah
pounds	**funti**	foontee
Where's the nearest currency exchange?	**Gde je najbliža menjačnica?**	gdeh yeh nahybleezhah mehñahchneetsah
What's the exchange rate?	**Kakav je kurs?**	kahkahv yeh koors

Directions

How do I get to...?	**Kako mogu doći do...?**	kahko mogoo dochee do
Is there a bus into town?	**Ima li autobus za grad?**	eemah lee ahootoboos zah grahd
Where can I get a taxi?	**Gde mogu naći taksi?**	gdeh mogoo nahchee tahksee
Where can I rent a car?	**Gde mogu da unajmim kola?**	gdeh mogoo dah oonahymeem kolah

Hotel reservations

Obviously, it's safer to book in advance if you can. But if you haven't done so?

Some terminals have a hotel reservation service and all have a tourist information office. There'll certainly be somebody there who speaks English.

FOR NUMBERS, see page 175

Car rental

Again, it's best to make arrangements in advance whenever possible. There are car rental firms at major airports and terminals, and in big cities and tourist places. It's very likely that someone there will speak English. But if nobody does, try one of the following...

I'd like...	**Želim...**	zhehleom
a car	**jedna kola**	yehdnah kolah
a small car	**mala kola**	mahlah kolah
a large car	**velika kola**	vehleekah kolah
a sportscar	**sportska kola**	sportskah kolah
I'd like it for...	**Trebaju mi za...**	trehbahyoo mee zah
a day	**jedan dan**	yehdahn dahn
four days	**četiri dana**	chehteeree dahnah
a week	**jednu nedelju**	yehdnoo nehdehlʸoo
two weeks	**dve nedelje**	dveh nehdehlʸeh
What's the charge per day?	**Koliko košta na dan?**	koleeko koshtah nah dahn
What's the charge per week?	**Koliko košta na nedelju?**	koleeko koshtah nah nehdehlʸoo
Is that the low/high season rate?	**Da li je to cena van sezone/u sezoni?**	dah lee yeh to cehnah vahn sehzoneh/oo sehzonee
Does that include mileage?	**Da li to uključuje i kilometražu?**	dah lee to ooklʸoocheeyeh ee keelomehtrahzhoo
Is petrol (gasoline) included?	**Da li je benzin uključen?**	dah lee yeh behnzeen ooklʸoochehn
Does that include full insurance?	**Da li cena uključuje puno osiguranje?**	dah lee cehnah ooklʸoochooyeh poono oseegoorahñeh
What's the deposit?	**Koliki je depozit [kaucija]?**	koleekee yeh dehpozeet [kahootseeyah]
I've a credit card.	**Ja imam kreditnu kartu.**	yah eemahm krehdeetnoo kahrtoo

FOR SIGHTSEEING, see page 75

Note: In Yugoslavia you may drive with your own licence; but check if an international permit is required for other countries you may visit.

Here's my driving licence.	**Izvolite moju vozačku dozvolu.**	eezvoleeteh moyoo vozahchkoo dozvoloo

Taxi

Cabs are available at ranks in all towns. City taxis have meters; in smaller towns, agree on a price in advance. Extra charges are levied for luggage and night travel. For some trips (e.g., airport to town) there may be a fixed rate. You can get the necessary information at the tourist information office.

Where can I get a taxi?	**Gde mogu da dobijem taksi?**	gdeh mogoo dah dobeeyehm tahksee
Get me a taxi, please.	**Zovnite mi, molim Vas, taksi.**	zovneeteh mee moleem vahs tahksee
What's the fare to...?	**Koliko košta do...?**	koleeko koshtah do
How far is it to...?	**Koliko ima do...?**	koleeko eemah do
Take me to...	**Odvezite me...**	odvehzeeteh meh
this address	na ovu adresu	nah ovoo ahdrehsoo
the town centre	u centar grada	oo tsehntahr grahdah
the...hotel	u hotel...	oo hotehl
Turn left (right) at the next corner.	**Skrenite levo (desno) na sledećem uglu.**	skrehneeteh lehvo (dehsno) nah slehdehchehm oogloo
Go straight ahead.	**Idite pravo.**	eedeeteh prahvo
Stop here, please.	**Stanite ovde, molim Vas.**	stahneeteh ovdeh moleem vahs
I'm in a hurry.	**Žurim se.**	zhooreem seh
There's no hurry.	**Bez žurbe.**	behz zhoorbeh
Could you drive more slowly?	**Vozite malo sporije, molim Vas.**	voozeeteh mahlo sporeeyeh moleem vahs

FOR TIPPING, see inside back-cover

Hotel – Other accommodation

Early reservation (and confirmation) is essential in major tourist centres during the holiday season. Most towns have a tourist information office – and that's the place to go if you're stuck without a room.

Hotels in Yugoslavia are classified as follows:

Van kategorije (**vahn** kahteh**go**reeyeh)	International luxury class; there are often only a few such hotels.
A-kategorija (**ah**-kahteh**go**reeyah)	First-class, all facilities; suites, public rooms, conference rooms; some with indoor swimming pools, all bedrooms with private bath and toilet, telephone; some with TV
B-kategorija (**beh**-kahteh**go**reeyah)	Comfortable; fairly good service, some bedrooms with private bath or shower, telephone
C-kategorija (**tseh**-kahteh**go**reeyah)	Facilities and service limited; hotels of this category may vary according to the town
D-kategorija (**deh**-kahteh**go**reeyah)	No running water; services very limited

In most hotels you can get *puni pansion* (**poo**nee pahn**see**on – full board) or *polupansion* (**po**loopahn**see**on – bed and breakfast and one more meal, generally dinner).

Hotel prices are considerably reduced during off-season. Also, for long stays you can normally get a reduction on the daily rate.

A *pansion* (pahn**see**on – boarding house) sometimes has fewer facilities than a hotel. They're graded in three categories: I to III.

In popular resorts rooms (*soba* – **so**bah) in private homes often outnumber hotel rooms. They're closely supervised and graded (from I to IV), according to the degree of comfort provided and location.

In this section, we're mainly concerned with the smaller and middle-grade hotels. You'll have no language difficulties in the luxury and first-class hotels, where most of the staff have been trained to speak English.

In the next few pages we consider your requirements, step by step, from arrival to departure. You need not read through the whole lot; just turn to the situation that applies.

Reception – Checking in

My name is...	**Ja se zovem...**	yah seh **zo**vehm
I've a reservation.	**Rezervisao sam.**	rehzehr**vee**saho sahm
We've reserved two rooms, a single and a double.	**Rezervisali smo dve sobe, jednu jedno- krevetnu i jednu dvokrevetnu sobu.**	rehzehrveesahlee smo dveh **so**beh yehdnoo yehdno- **kreh**vehtnoo ee yehdnoo dvokreh**veh**tnoo **so**boo
I wrote to you last month. Here's the confirmation.	**Pisao sam vam prošlog meseca. Izvolite potvrdu.**	**pee**saho sahm vahm **prosh**log **meh**sehtsah. eez**vo**leetee **pot**dverdoo
I'd like...	**Želeo bih...**	**zheh**leho beeh
a single room	**jednokrevetnu sobu**	yehdnokreh**veh**tnoo **so**boo
a double room	**dvokrevetnu sobu**	dvokreh**veh**tnoo **so**boo
two single rooms	**dve jednokrevetne sobe**	dveh yehdnokreh**veh**tneh **so**beh
a room with twin beds	**sobu sa dva kreveta**	**so**boo sah dvah **kreh**vehtah
with a bath	**sa kupatilom**	sah koopah**tee**lom
with a shower	**sa tušem**	sah **too**shehm
with a balcony	**sa balkonom**	sah **bahl**konom
with a view	**sa pogledom**	sah **po**glehdom
a suite	**apartman**	ah**pahrt**mahn
We'd like a room...	**Mi želimo sobu...**	mee **zheh**leemo **so**boo
in the front/at the back	**s pogledom na ulicu/dvorište**	s **po**glehdom nah **oo**leetsoo/ **dvo**reeshteh
facing the sea	**okrenutu moru**	okreh**noo**too **mo**roo
facing the courtyard	**okrenutu dvorištu**	okreh**noo**too **dvo**reeshtoo

It must be quiet.	**Mora biti mirna.**	morah beetee meernah
I'd rather have something higher up/ lower down.	**Radije bih nešto više/niže.**	rahdeeyeh beeh nehshto veesheh/neezheh
Is there...?	**Ima li...?**	eemah lee
air conditioning	**klima uredjaj [erkondišn]**	kleemah oorehjahy [ehrkondeeshn]
central heating	**centralno grejanje**	tsehntrahlno grehyahñeh
radio	**radio**	rahdeeo
laundry/room service	**pranje rublja/ servis u sobi**	prahñeh rooblʸah/ sehrvees oo sobee
telephone	**telefon**	tehlehfon
television	**televizor**	tehlehveezor
private toilet	**zasebni toalet**	zahsehbnee toahleht
hot water/ running water	**topla voda/tekuća voda**	toplah vodah/teekoochah vodah

How much?

What's the price...?	**Koliko košta...?**	koleeko koshtah
per night	**za jednu noć**	zah yehdnoo noch
per week	**za nedelju**	zah nehdehlʸoo
for bed and breakfast	**prenoćište sa doručkom**	prehnocheeshteh sah doroochkom
without meals	**bez hrane**	behz hrahneh
for full board	**puni pansion**	poonee pahnseeon
Does that include...?	**Da li to uključuje...?**	dah lee to ooklʸoochooyeh
breakfast	**doručak**	doroochahk
meals	**ostale obroke**	ostahleh obrokeh
service	**servis**	sehrvees
Is there any reduction for children?	**Imaju li deca popust?**	eemahyoo lee dehtsah popoost
Do you charge for the baby?	**Da li se naplaćuje i za bebu?**	dah lee seh nahplahchooyeh ee zah behboo
That's too expensive.	**To je preskupo.**	to yeh prehskoopo
Haven't you anything cheaper?	**Imate li nešto jeftinije?**	eemahteh lee nehshto yehfteeneeyeh

FOR NUMBERS, see page 175

How long?

We'll be staying...	**Ostaćemo...**	ostahchehmo
overnight only	**samo jednu noć**	sahmo yehdnoo noch
a few days	**nekoliko dana**	nehkoleeko dahnah
a week (at least)	**(najmanje) jednu nedelju**	(nahymahñeh) yehdnoo nehdehl'oo
I don't know yet.	**Još ne znam.**	yosh neh znahm

Decision

May I see the room?	**Mogu li da vidim sobu?**	mogoo lee dah veedeem soboo
No, I don't like it.	**Ne, ne dopada mi se.**	neh neh dopahdah mee seh
It's too...	**Suviše je...**	sooveesheh yeh
cold/hot	**hladna/topla**	hlahdnah/toplah
dark/small	**mračna/malena**	mrahchnah/mahlehnah
noisy	**bučna**	boochnah
No, that won't do at all.	**Ne, to uopšte ne odgovara.**	neh to ooopshteh neh odgovahrah
I asked for a room with a bath.	**Tražio sam sobu sa kupatilom.**	trahzheeo sahm soboo sah koopahteelom
Have you anything...?	**Imate li nešto...?**	eemahteh lee nehshto
better	**bolje**	bol'eh
bigger	**veće**	vehcheh
cheaper	**jeftinije**	yehfteeneeyeh
smaller	**manje**	mahñeh
That's fine. I'll take it.	**Dobra je, uzeću je.**	dobrah yeh oozehchoo yeh

Bills

These are usually submitted weekly or when you leave if you stay less than a week. Some hotels offer a reduction for infants and children under 12.

FOR DAYS OF THE WEEK, see page 180

Tipping

The service charge (10%) is normally included in the bill. It might be just as well, however, to ask if service is included: *Da li je servis uključen?* (dah lee yeh **sehr**vees oo**klyoo**chehn). Tip the porter when he brings the bags to your room and tip the bellboy if he does any errands for you. So have small change ready.

Registration

Upon arrival in some hotels you'll be asked to fill out a registration form (*prijava* – **pree**yahvah). It requires details of your name, home address, passport and perhaps some other similar information It's almost certain to carry an English translation. If it doesn't, ask the desk clerk:

| What does this mean? | **Šta znači ovo?** | shtah **znah**chee ovo |

The desk clerk will probably ask you for your passport. He may want to keep it for a while, even overnight. Don't worry. You'll get it back. He may want to ask you the following questions:

Mogu li videti Vaš pasoš?	May I see your passport?
Ispunite, molim Vas, ovaj formular.	Would you mind filling in this registration form?
Potpišite ovde, molim Vas.	Sign here, please.
Koliko dugo ostajete?	How long will you be staying?

Please have our bags sent up.	**Pošaljite molim Vas naš prtljag gore.**	poshahl^yeeteh moleem vahs nahsh **pert**l^yahg goreh
I'll take this briefcase with me.	**Ja ću poneti tašnu.**	yah choo ponehtee **tahsh**noo
What's my room number?	**Koji je broj moje sobe?**	ko**yee** yeh broy **mo**yeh **so**beh

HOTEL

Service, please

Now that you're safely installed, meet some more of the hotel staff.

the bellboy	dečko	dehchko
the chambermaid	sobarica	sobahreetsah
the manager	direktor	deerehktor
the telephone operator	telefonistkinja	tehlehfoneestkeeñah
the valet	sobar	sobahr
the waiter	kelner	kehlnehr
the waitress	kelnerica	kehlnehreetsah

If you want to address members of the staff, don't say *gospodin* (go**spo**deen), *gospodja* (**go**spojah) or *gospodjica* (**go**spojeetsah), but use a general introductory phrase such as:

| Excuse me. Could you..., please? | Izvinite. Da li biste mogli molim Vas... | eezveeneeteh. dah lee beesteh moglee moleem vahs |

General requirements

Please ask the chambermaid to come up.	Pošaljite molim Vas sobaricu.	poshahlʸeeteh moleem vahs sobahreetsoo
Who is it?	Ko je?	ko yeh
Just a minute?	Samo trenutak.	sahmo trehnootahk
Come in!	Slobodno!	slobodno
Is there a bath on this floor?	Ima li na ovom spratu kupatilo?	eemah lee nah ovom sprahtoo koopahteelo
How does this shower work?	Kako radi ovaj tuš?	kahko rahdee ovahy toosh
Where's the plug for a shaver?	Gde je utikač [štekdozna] za aparat za brijanje?	gdeh yeh ooteekahch [shtehkdoznah] zah ahpahraht zah breeyahñeh
Please send up some coffee/sandwiches.	Molim Vas pošaljite mi kafu/sendviče.	moleem vahs poshahlʸeeteh mee kahfoo/sehndveecheh
Can we have breakfast in our room?	Možemo li dobiti doručak u sobi?	mozhehmo lee dobeetee doroochahk oo sobee

I'd like to leave these in your safe.	Želim ovo da ostavim u vašem sefu.	zhehleem ovo dah ostahveem oo vahshehm sehfoo
Can you find me a baby-sitter for tonight?	Možete li mi naći nekog da čuva dete večeras?	mozhehteh lee mee nahchee nehkog dah choovah dehteh vehchehrahs
Can I have a/an/some...?	Mogu li da dobijem...	mogoo lee dah dobeeyehm
ashtray	pepeljaru	pehpehl'ahroo
bath towel	peškir za kupanje	pehshkeer zah koopahñeh
extra blanket	još jedno ćebe [deku]	yosh yehdno chehbeh [dehkoo]
envelopes	koverata	kovehrahtah
more hangers	još vešalica	yosh vehshahleetsah
hot-water bottle	termofor	tehrmofor
ice	leda	lehdah
needle and thread	iglu i konac	eegloo ee konahts
pillow	jastuk	yahstook
pillow case	jastučnicu	yahstoochneetsoo
reading lamp	lampu za čitanje	lahmpoo zah cheetahñeh
soap	sapun	sahpoon
writing paper	papira za pisanje	pahpeerah zah peesahñeh
Where's the...?	Gde je...?	gdeh yeh
beauty parlour	kozmetički salon	kozmehteechkee sahlon
cocktail lounge	snek bar	snehk bahr
dining room	sala za ručavanje	sahlah zah roochahvahñeh
hairdresser's	frizer	freezehr
restaurant	restoran	rehstorahn
television room	soba za televiziju	sobah zah tehlehveezeeyoo

Breakfast

The Yugoslavian breakfast generally consists of coffee (tea) and milk, rolls with butter and jam or honey. Some hotels, however, may serve an English breakfast.

Have you any...?	Imate li...?	eemahteh lee
eggs	jaja	yahyah
bacon and eggs	slaninu sa jajima	slahneenoo sah yahyeemah
boiled eggs	kuvana jaja	koovahnah yahyah
fried eggs	pržena jaja	perzhehnah yahyah
ham and eggs	šunku sa jajima	shoonkoo sah yahyeemah
scrambled eggs	kajganu	kahygahnoo

fruit juice	voćni sok	vochnee sok
grapefruit	grepfrut	grehpfroot
orange	pomorandža	pomorahnjah
pineapple	ananas	ahnahnahs
tomato	paradajz	pahrahdahyz
marmelade	marmaladu	mahrmahlahdoo
toast	prepržen hleb	prehperzhehn hlehb
May I have some...?	Mogu li dobiti...?	mogoo lee dobeetee
butter/chocolate	putera/čokolade	pootehrah/chokolahdeh
coffee/cream	kafu/slatke pavlake	kahfoo/skahtkeh pahvlahkeh
honey/lemon	med/limun	mehd/leemoon
milk/pepper	mleko/biber	mlehko/beebehr
salt/sugar	so/šećer	so/shehchehr
tea	čaj	chahy
Can you bring me a...?	Možete li mi doneti...?	mozhehteh lee mee donehtee
cup	šoljicu	shol'eetsoo
fork	viljušku	veel'ooshkoo
glass	čašu	chahshoo
knife	nož	nozh
plate	tanjir	tahñeer
spoon	kašiku	kahsheekoo

Note: You'll find a great many other dishes listed in our "Eating out" guide (pages 38-64). This should be consulted for your lunch and dinner menus.

Difficulties

The...doesn't work.	...ne radi.	...neh rahdee
air conditioner	klima uredjaj [erkondišn]	kleemah oorehjahy [ehrkondeeshn]
fan	ventilator	vehnteelahtor
faucet	slavina	slahveenah
heating	grejanje	grehyahñeh
light	svetlo	svehtlo
tap	pipa	peepah
toilet	toalet	toahleht
ventilator	ventilator	vehnteelahtor
The wash basin is blocked.	Lavabo je zapušen.	lahvahbo yeh zahpooshehn

HOTEL SERVICE

The window is jammed.	**Prozor ne može da se otvori.**	prozor neh mozheh dah seh otvoree
The blind is stuck.	**Zavesa ne može da se povuče.**	zahvehsah neh mozheh dah seh povoocheh
There's no hot water.	**Nema vruće vode.**	nehmah vroocheh vodeh
These aren't my shoes.	**Ovo nisu moje cipele.**	ovo neesoo moyeh tseepehleh
This isn't my laundry.	**Ovo nije moje rublje.**	ovo neeyeh moyeh rooblʸeh
I've lost my watch/key.	**Izgubio sam svoj sat/ključ.**	eezgoobeeo sahm svoy saht/klʸooch
I've left my key in my room.	**Ostavio sam ključ u svojoj sobi.**	ostahveeo sahm klʸooch oo moyoy sobee
The...is broken.	**...ne radi.**	...neh rahdee
bulb	**sijalica [žarulja]**	seeyahleetsah [zhahroolʸah]
lamp	**lampa**	lahmpah
plug	**utikač [šteker]**	ooteekahch [shtehkehr]
shutter	**roletne**	rolehtneh
switch	**prekidač [šalter]**	prehkeedahch [shahltehr]
window shade	**zavesa**	zahvehsah
Can you get it fixed?	**Možete li to popraviti?**	mozhehteh lee to poprahveetee

Telephone – Mail – Callers

Can you get me Vienna 12-34-56?	**Mogu li dobiti Beč, broj 12-34-56?**	mogoo lee dobeetee behch, broy 12-34-56
Did anyone ring for me?	**Da li me je neko nazvao?**	dah lee meh yeh nehko nahzvaho
Operator, I've been cut off.	**Gospodjice, veza se prekinula.**	gospojeetseh vehzah seh prehkeenoolah
Is there any mail for me?	**Ima li pošte za mene?**	eemah lee poshteh zah mehneh
Have you any stamps?	**Imate li maraka?**	eemahteh lee mahrahkah
Would you post this for me, please?	**Hoćete li, molim Vas, ovo da predate na poštu?**	hochehteh lee moleem vahs ovo dah prehdahteh nah poshtoo
Are there any messages for me?	**Ima li kakvih poruka za mene?**	eemah lee kahkveeh porookah zah mehneh

FOR POST OFFICE, see page 137

Checking out

Can I have my bill, please?	**Mogu li da dobijem račun, molim Vas?**	mogoo lee dah dobeeyehm rahchoon moleem vahs
I'm leaving early tomorrow. Please have my bill ready.	**Ja odlazim rano ujutrp, molim Vas spremite moj račun.**	yah odlahzeem rahno ooyootro moleem vahs sprehmeeteh moy rahchoon
We'll be checking out around noon.	**Mi odlazimo oko podne.**	mee odlahzeemo oko podneh
I've got to leave at once.	**Moram da idem odmah.**	morahm dah eedehm odmah
Does that include service?	**Da li ovo uključuje i servis?**	dah lee ovo ookl^yoochooyeh ee sehrvees
Is everything included?	**Da li je sve uključeno?**	dah lee yeh sveh ookl^yoochehno
You've made a mistake in this bill, I think.	**Mislim da ste napravili grešku u računu.**	meesleem dah steh nahprahveelee grehshkoo oo rahchoonoo
Can you get us a taxi?	**Možete li nam pozvati taksi?**	mozhehteh lee nahm pozvahtee tahksee
When's the next... to Belgrade?	**Kad ima sledeći... za Beograd?**	kahd eemah slehdehchee... zah behograhd
bus/train/plane	**autobus/voz [vlak]/ avion**	ahootoboos/voz [vlahk]/ ahveeon
Would you send someone to bring down our luggage?	**Možete li poslati nekog da snese naš prtljag.**	mozhehteh lee poslahteh nehkog dah snehseh nahsh pertl^yahg
We're in a great hurry.	**Mi se jako žurimo.**	mee seh yahko zhooreemo
Here's my forwarding address. You've got my home address.	**Ovo je moja sledeća adresa. Vi imate moju kuću adresu.**	ovo yeh moyah slehdehchah ahdrehsah. vee eemahteh moyoo koochnoo ahdrehsoo
It's been a very enjoyable stay.	**Ovde nam je bilo vrlo ugodno.**	ovdeh nahm yeh beelo verlo oogodno
We hope to come again some day.	**Nadamo se da ćemo opet doći.**	nahdahmo seh dah chehmo opeht dochee

FOR TAXI, see page 27

Eating out

There are several types of bars and restaurants in Yugoslavia. Some of them differ from each other only in name. Here are the main and most usual kinds of places you're likely to encounter.

Bar (bahr)	A nightclub; generally with a floor show, sometimes with strip-tease; expensive
Bife (bee**feh**)	Serves light meals or snacks, alcoholic and soft drinks; closes earlier than a *gostiona*
Dansing (**dahn**seeng rehstorahn)	A café or restaurant where food is served together with drinks. Dance music is played
Ekspres restoran (ehks**prehs** rehstorahn)	A self-service restaurant, cheaper than other restaurants; common in larger cities and seaside resorts; fairly limited selection of food and drinks
Gostiona (gostee**o**nah)	An inn; serves meals and drinks
Kafana (kah**vah**nah)	A café serving coffee, tea and alcoholic drinks, cakes and snacks
Krčma (**kerch**mah)	is a synonym for *gostiona*. Mainly drinks, mediocre service
Mlečni restoran (**mlehch**nee rehstorahn)	A "milk restaurant". Dairy products like milk, yogurt, rice pudding, etc., served, as well as light meals, cakes, pancakes and the like.
Pivnica (**peev**neetsah)	A beer cellar; wine and other drinks are also available.
Restoran (reh**sto**rahn)	Yugoslavian restaurants, as all other, vary in cuisine and service. They're classified in the same way as hotels.
Riblji restoran (**reeb**lyee rehstorahn)	A restaurant serving mainly, but not exclusively, fish

Some restaurants display a menu in the window showing the table d'hôte meals with fixed prices, and the à la carte menu. Check if the service is included. Generally it is, but it does not harm to ask the waiter. Taxes aren't levied on restaurant meals.

Meal times

Breakfast (*doručak* – **do**roochahk) is served from 7 until 9 a.m.

Lunch (*ručak* – **roo**chahk) is the main meal in Yugoslavia; it's served from about noon until 2 or 3 p.m.

Dinner (*večera*–**veh**chehrah) is served from about 6.30 to 7 p.m. to 9.30 or 10 p.m. After this it's usually cold snacks only.

However, this timetable goes for hotel restaurants only. The *gostiona* (gostee**o**nah–inn) and other places of the kind serve meals almost the whole day until midnight and later.

What and where?

Yugoslavia is a great country for gastronomic explorers. The country's cuisine has been influenced by several cultures (Turkish, Greek, Austrian, Italian) and therefore offers a rich variety of styles of cooking and specialities within a relatively small range.

All along the coast, fish is the staple item on restaurant menus. The Dalmatian coast is also where you'll find the most Italian influence in cooking: dishes like pasta, *pršut* (**per**shoot – the Italian *prosciutto,* a kind of ham) and ravioli will remind you of the other side of the Adriatic. Strong Greek influence can be recognized in Macedonia (grilled meats); Bosnia-Herzegovina is rather Turkish-minded. And there's one trace of Turkey that you'll appreciate throughout the country: coffee. It's always good, thick and strong.

Wine (cheap!) and liquors are available in abundant variety. As concerns water: it may be better, especially in smaller places, to drink bottled water. Often the waiter will bring you a bottle of mineral water with your meal even without your asking for it. Yugoslavians like to mix it with their wine.

Hungry?

I'm hungry/I'm thirsty.	Ja sam gladan/Ja sam žedan.	yah sahm **glah**dahn/yah sahm **zheh**dahn
Can you recommend a good (and inexpensive) restaurant?	Možete li preporučiti neki dobar (ne tako skup) restoran?	**mo**zhehteh lee prehporoo**chee**tee nehkee **do**bahr (neh **tah**ko skoop) rehsto**rahn**

If you want to be sure of getting a table in well-known restaurants, it may be better to telephone in advance.

I'd like to reserve a table for four for eight o'clock tonight.	**Želim da rezervišem jedan sto za četvoro za osam sati večeras.**	zhehleem dah rehzehrvee-shehm yehdahn sto zah chehtvoro zah osahm sahtee vehchehrahs

Asking and ordering

Good evening, I'd like a table for three.	**Dobro veče. Želeo bih sto za troje.**	dobro vehcheh. zhehleho beeh sto zah troyeh
Could we have a...?	**Možemo li dobiti...?**	mozhehmo lee dobeetee
table in the corner	**sto u uglu**	sto oo oogloo
table by the window	**sto pored prozora**	sto porehd prozorah
table outside	**sto napolju**	sto nahpolʲoo
table on the terrace	**sto na terasi**	sto nah tehrahsee
quiet table somewhere	**sto na mirnom mestu**	sto nah meernom mehstoo
Where are the toilets?	**Gde je toalet?**	gdeh yeh toahleht
Can you serve me right away? I'm in a hurry.	**Možete li me odmah poslužiti? Jako mi se žuri.**	mozhehteh lee meh odmah posloozheetee? yahko mee seh zhooree
What's the price of the fixed menu?	**Koja je cena menia?**	koyah yeh tsehnah mehneeah
Is service included?	**Da li je servis uključen?**	dah lee yeh sehrvees ooklʲoochehn
Could we have a(n)...please?	**Možemo li, molim Vas, dobiti...**	mozhehmo lee moleem vahs dobeetee
ashtray	**pepeljaru**	pehpehlʲahroo
bottle of...	**flašu...**	flahshoo
(another) chair	**(još jednu) stolicu**	(yosh yehdnoo) stoleetsoo
glass	**čašu**	chahsho
glass of water	**čašu vode**	chahshoo vodeh
knife	**nož**	nozh
napkin	**salvetu**	sahlvehtoo
plate	**tanjir**	tahñeer
spoon	**kašiku**	kahsheekoo
tablecloth	**stolnjak**	stolñahk
toothpick	**čačalicu**	chahchkahleetsoo

FOR COMPLAINTS, see page 55

I'd like a/an/some...	Molim Vas...	moleem vahs
aperitif	aperitiv	ahpehreeteev
appetizer	predjelo	prehdyehlo
beer	pivo	peevo
bread	kruh [hleb]	krooh [hlehb]
butter	puter	pootehr
cabbage	kupus	koopoos
cheese	sir	seer
coffee	kafu	kahfoo
dessert	dezert	dehzehrt
fish	ribu	reeboo
french fries	prženi krompir	perzhehnee krompeer
fruit	voće	vocheh
game	divljač	deevlyahch
ice-cream	sladoled	slahdolehd
ketchup	kečap	kehchahp
lemon	limun	leemoon
lettuce	salatu	sahlahtoo
meat	meso	mehso
mineral water	mineralnu vodu	meenehrahlnoo vodoo
milk	mleko	mlehko
mustard	senf	sehnf
oil	ulje	oolyeh
olive oil	maslinovo ulje	mahsleenovo oolyeh
pepper	biber	beebehr
potatoes	krompir	krompeer
poultry	živinsko meso	zheeveensko mehso
rice	pirinač	peereenahch
rolls	kajzericu	kahyzehreetsoo
salad	salatu	sahlahtoo
salt	so	so
sandwich	sendvič	sehndveech
seasoning	začin	zahcheen
shellfish	školjke	shkolykeh
snack	mezu	mehzoo
soup	supu	soopoo
spaghetti	špageti	shpahgehtee
sugar	šećer	shehchehr
tea	čaj	chahy
vegetables	povrće	povercheh
vinegar	sirće [ocat]	seercheh [otsaht]
water	vodu	vodoo
wine	vino	veeno

EATING OUT

42

What's on the menu?

Our menu has been arranged according to courses. Under each heading you'll find an alphabetical list of dishes in Serbo-Croatian with their English equivalents. These lists – which include everyday items and special dishes – will enable you to make the most of a Yugoslavian menu.

Here's our guide to good eating and drinking. Turn to the course you want.

	Page
Appetizers	44
Egg dishes	45
Soups	45
Fish and seafood	46
Meat	47
Fowl – Game	49
Vegetables and seasonings	49
Cheese	51
Fruit	52
Dessert	53
Alcoholic drinks	56
Other beverages	62
Eating light – Snacks	63

Obviously, you're not going to go through every course. If you've had enough, say:

Nothing more, thanks.	**Ne hvala, bilo je dosta.**	neh hvahlah beelo yeh dostah

Yugoslavia is an ideal country for gastronomic explorers, who will have ample opportunity for making unexpected discoveries. There's a wide variety of drinks you've probably never heard of. But remember that all Yugoslavian food is rather heavy fare.

Appetizers – Starters

If you feel like something to whet your appetite, choose carefully, for Yugoslavian appetizers can be filling

I'd like an appetizer.	**Želeo bih neko predjelo.**	**zheh**leho beeh **neh**ko **prehd**yehlo
What do you recommend?	**Šta mi preporučujete?**	shtah mee prehporoo**choo**yehteh

burek s mesom	**boo**rehk s **meh**som	meat pasty
dagnji	**dahg**ñee	mussels
dalmatinski sir	dahlmah**teen**skee seer	Dalmatian cheese
dimljeni losos	**deem**lyehnee **lo**sos	smoked salmon
domaća šunka	**do**mahchah **shoon**kah	country ham
domaće kobasice	**do**mahcheh kobah**seet**seh	home-made sausages
guščija džigerica	**goosh**cheeyah jee**geh**reetsah	goose liver
haringe	**hah**reengeh	herring
jastog	**yah**stog	lobster
kavijar	**kah**veeyahr	caviar
losos	**lo**sos	salmon
marinirana riba	mahree**nee**rahnah **ree**bah	pickled fish
ostrige	**os**treegeh	oysters
pašteta od džigerice	pahsh**teh**tah od jee**geh**reetseh	liver paste
pašteta od mesa	pahsh**teh**tah od **meh**sah	meat paste
pršuta	**per**shootah	Dalmatian ham
punjene masline	**poo**ñehneh **mahs**leeneh	stuffed olives
račići	rah**chee**chee	shrimp
riblji rižoto	**reeb**lyee ree**zho**to	fish-rice casserole
ruska salata	**roos**kah sah**lah**tah	diced, cooked vegetables with mayonnaise
špargle	**shpahr**gleh	asparagus
šunka	**shoon**kah	ham
sušene haringe	soo**sheh**neh **hah**reengeh	smoked herring
tunjevina	tooñeh**vee**nah	tunny (tuna)

Yugoslavian specialities

kajmak	**kahy**mahk	a national speciality made from the skin of milk
praška šunka	**prahsh**kah **shoon**kah	pressed ham
sremske kobasice	**srehm**skeh kobah**seet**seh	a very rich kind of sausage, made in Srem

Egg dishes

I'd like an omelet.	**Želeo bih jedan omlet od jaja.**	**zheh**leho beeh **yeh**dahn **om**leht od **yah**yah
gibanica	**gee**bahneetsah	a pasty with cheese and eggs
jaja u majonezu	**yah**yah oo mahyo**neh**zoo	egg salad
omlet sa sirom	**om**leht sah **see**rom	cheese omelet
omlet sa šunkom	**om**leht sah **shoon**kom	ham omelet

Soups

A distinction has to be made between the clear soups, which are called *supa* (**soo**pah) or *juha* (**yoo**hah), and the thick soups, which are called *čorba* (**chor**bah).

I'd like some soup. What do you recommend?	**Želeo bih juhu. Šta mi preporučujete?**	**zheh**leho beeh **yoo**hoo. shtah mee prehpo**roo**chooyehteh
alaška čorba	**ah**lahshkah **chor**bah	fish soup; also called *brodet*
boršč	borshch	borsch, a vegetable soup with various kinds of meat and cream
čorba od gljiva	**chor**bah od **gl'ee**vah	mushroom soup
čorba od paradajza	**chor**bah od pahrah**dahy**zah	tomato soup
čorba od povrća	**chor**bah od **po**verchah	vegetable soup
goveđa supa	**go**vehjah **soo**pah	beef soup
goveđa supa sa jajem	**go**vehjah **soo**pah sah **yah**yehm	beef soup with an egg
jagnjeća čorba	**yahg**ñehchah **chor**bah	lamb soup
konzome	**kon**zomeh	consommé
pileća čorba	**pee**lehchah **chor**bah	chicken soup with noodles
riblja čorba	**reebl'**ah **chor**bah	fish soup
teleća čorba s mesom	**teh**lehchah **chor**bah s **meh**som	veal soup

Fish and seafood

I want some fish.	Želeo bih ribu.	zhehleho beeh reeboo
What kinds of seafood do you have?	Koju vrstu ribe imate?	koyoo verstoo reebeh eemahteh
bakalar	bahkahlahr	cod
barbun	bahrboon	red mullet
brancin	brahntseen	bass
cipoli	tseepolee	mullet
girice	geereetseh	pickerel
grgeč	gergehch	perch
haringa	hahreengah	herring
ikra	eekrah	roe
jastog	yahstog	lobster
jegulja	yehgool'yah	eel
jesetra	yehsehtrah	sturgeon
kamenice	kahmehneetseh	a kind of oyster
lignji	leegñee	squid
list	leest	plaice/sole
losos	losos	salmon
merlan	mehrlahn	whiting
mladica	mlahdeetsah	a kind of trout
mušule	mooshooleh	mussels
ostrige	ostreegeh	oysters
pastrmka	pahstermkah	trout
rakovi	rahkovee	crab
sanpiero	sahnpeeehro	John Dory
šaran	shahrahn	carp
sardela	sahrdehlah	anchovies
skampi	skahmpee	scampi
skuše	skoosheh	mackerel
som	som	catfish
srdele	serdehleh	pilchard
štuka	shtookah	pike
tunjevina	tooñehveenah	tunny (tuna)
zubatac	zoobahtahts	dentex

fried	pržena	perzhehnah
grilled	na gradele (na roštilju)	nah grahdehleh (nah roshteelyoo)
marinated	marinirane	mahreeneerahneh
poached	kuvana (lešo)	koovahnah (lehsho)
smoked	dimljena	deemlyehnah

Meat

I'd like some...	Želeo bih...	zhehleho beeh
beef	govedinu	govehdeenoo
pork	svinjetinu	sveeñehteenoo
veal	teletinu	tehlehteenoo
mutton	ovčetinu	ovchehteenoo
What kinds of meat have you got?	Koju vrstu mesa imate?	koyoo verstoo mehsah eemahteh
bubrezi	boobrehzee	kidneys
ćufte	choofteh	meatballs
džigerica	jeegehreetsah	liver
faširana govedina	fahsheerahnah govehdeenah	minced beef
govedina	govehdeenah	beef
goveđe pečenje	govehjeh pehchehñeh	roast beef
jezik	yehzeek	tongue
jagnjeće grudi	yahgñehcheh groodee	breast of lamb
jagnjeći kotlet	yahgñehchee kotleht	lamb cutlet
jagnjetina	yahgñehteenah	lamb
junetina	yoonehteenah	young beef
kobasice	kobahseetseh	sausages
krezle	krehzleh	veal glands
kuvana šunka	koovahnah shoonkah	cooked ham
mozak	mozahk	brain
narezak	nahrehzahk	cold cuts
ovčetina	ovchehteenah	mutton
prasetina	prahseteenah	suckling pig
pršuta	pershootah	Dalmatian ham
rebra	rehbrah	ribs
slanina	slahneenah	bacon
svinjska kolenica	sveenskah kolehneetsah	pig's knuckle
šnicl	shneetsl	veal scallop
šnicl bez kosti	shneetsl behz kostee	fillet
srce	sertseh	heart
šunka	shoonkah	ham
suva šunka	soovah shoonkah	cured ham
suva rebra	soovah rehbrah	smoked spare ribs
sveža šunka	svehzhah shoonkah	fresh ham
svinjetina	sveeñehteenah	pork
svinjska glava	sveeñskah glahvah	pig's head
svinjski kotlet	sveeñskee kotleht	pork chop
svinjsko pečenje	sveeñsko pehchehñeh	roast pork
teletina	tehlehteenah	veal

How do you like your meat?

boiled	kuvano	koovahno
braised	dinstovano	deenstovahno
fried	prženo	perzhehno
grilled	na roštilju	nah roshteel'oo
roast	pečeno	pehchehno
stewed	kuvano u pari	koovahno oo pahree
stuffed	filovano	feelovahno
rare	nepečeno [polupečeno]	nehpehchehno [poloopehchehno]
medium	srednje pečeno	srehdñeh pehchehno
well done	dobro pečeno	dobro pehchehno

Some meat dishes

ćulbastija (chool**bah**steeyah) — grilled veal or pork

ćevapčići (cheh**vahp**cheechee) — minced meat, grilled in rolled pieces

djuveč (**joo**vech) — casserole of lamb or pork with rice and green peppers

musaka (moo**sah**kah) — layers of minced meat and other, sliced potatoes or eggplant; egg and sour milk topping, oven-browned

pljeskavica (**plyehs**kahveetsah) — hamburger steak served with raw onion

punjene paprike (**poon**yehneh **pahp**reekeh) — green peppers stuffed with minced meat and tomato sauce

ražnjići (**rahzh**nyeechee) — small pieces of veal or pork, grilled on a skewer

sarma (**sahr**mah) — cabbage leaves stuffed with minced meat and rice

vešalica (**veh**shahleetsah) — grilled veal or pork (scrag)

Fowl – Game

Hunting grounds still abound in Yugoslavia. Consequently, game is one dish you shouldn't miss if you're there during the season.

I'd like some game.	**Želeo bih divljač.**	zhehleho beeh deevlyahch
What poultry dishes do you serve?	**Kakvo živinsko meso imate?**	kahkvo zheeveensko mehso eemahteh
ćuretina	choorehteenah	turkey
divljač	deevlyahch	game
fazan	fahzahn	pheasant
golub	goloob	pigeon
jarebica	yahtehbeetsah	partridge
kunić	kooneech	rabbit
patka	pahtkah	duckling
pečena piletina	pehchehnah peelehteenah	roast chicken
piletina	peelehteenah	chicken
prepelica	prehpehleetsah	quail
zečetina	zehchehteenah	hare
živina	zheeveenah	fowl

Vegetables and seasonings

What vegetables do you recommend?	**Koje povrće mi preporučujete?**	koyeh povercheh mee prehporoochooyehteh
I'd prefer some salad.	**Želeo bih salatu.**	zhehleho beeh sahlahtoo
artičoke	ahrteechokeh	artichoke
beli luk	behlee look	garlic
biber sa Jamajke	beebehr sah yahmaheekeh	pimiento
boranija	borahneeyah	haricot (french) beans
bundeva	boondehvah	pumpkin
celer	tsehlehr	celery
cvekla	tsvehklah	beetroot
gljive	glyeeveh	mushrooms
gomoljica	gomolyeetsah	truffles
grašak	grahshahk	peas
karfiol	kahrfeeol	cauliflower
kelj	kehly	kale
kiseli kupus	keesehlee koopoos	sauerkraut
kozlac	kozlahts	tarragon
krastavac	krahstahvats	cucumber

krastavci [kiseli]	krahstahvtsee [keesehlee]	gherkins, pickles
krstovnik	kerstovneek	watercress
krompir	krompeer	potatoes
kukuruz [kuvani ili pečeni]	kookoorooz [koovahnee eeleh pehchehnee]	corn on the cob
kupus	koopoos	cabbage
leće	lehcheh	lentils
luk	look	onions
majčina dušica	mahycheenah doosheetsah	thyme
mirodjija	meerojeeyah	caper
mirodjija u turšiji	meerojeeyah oo toorsheeyee	dill
mrkva	merkvah	carrot
paprike	pahpreekeh	green peppers
paradajz	pahrahdahyz	tomatoes
pasulj	pahsool^y	beans
patlidžan	pahtleejahn	eggplant (aubergine)
peršun	pehrshoon	parsley
pirinač	peereenahch	rice
povrće	povehrcheh	vegetables
mešano povrće	mehshahno povercheh	mixed vegetables
praziluk	prahzeelook	leeks
prokula	prokoolah	brussels sprouts
ren	rehn	horseradish
repa	rehpah	beet
rotkvice	rotkveetseh	radishes
salata	sahlahtah	salad
sitni luk	seetnee look	chives
slatki biber	slahtkee beebehr	sweet pepper
spanać	spahnahch	spinach
špargle	shpahrgleh	asparagus
začini	zahcheeneh	spices
zelena boranija	zehlehnah borahneeyah	green beans
zelena salata	zehlehnah sahlahtah	lettuce
zelje	zehl^yeh	herbs
mešano zelje	mehshahno zehl^yeh	mixed herbs
žutenica	zhootehneetsah	chicory

Vegetables may be served:

creamed	pasirano	pahseerahno
diced	sečkano	sehtskahno
fried	prženo	perzhehno
grilled	grilovano	greelovahno
stewed	kuvano	koovahno

Cheese

There are many kinds of locally produced cheeses in Yugoslavia. If in a restaurant, ask the waiter. But you can also buy them directly from farmers at the open-air markets.

Try some of these well-known Yugoslav cheeses:

belava (**beh**lahvah)	cottage cheese, mild and fat-free
kačkavalj (**kahch**kahvahlʲ)	rich cheese; may be mild or sharp, depending on its age
mladi srpski sir (**mlah**dee **serp**skee seer)	soft white cheese, with smooth texture; made from cow or sheep milk
paški sir (**pahsh**kee seer)	fat and fairly sharp cheese from the island of Pag
somborski sir (**som**borskee seer)	mild cheese made from cow milk, smooth texture
topfn (**topfn**)	the same as *belava*
trapist (**trah**peest)	there are several kinds of *trapist* cheeses, produced locally and varying from region to region
travnički sir (**trahv**neechkee seer)	rich and fairly salty cheese, made from sheep milk

In all better hotels, foreign-made cheeses are also available. *Kajmak* (**kayh**mahk) is a rich and very tasty starter, made from the skin of boiled milk. It can be eaten with bread or rolls. Some dishes, for instance *ćevapčići* (cheh**vahp**cheechee – a local speciality of minced and grilled meat), are sometimes prepared with *kajmak* instead of oil or butter.

Fruit

Have you got fresh fruit?	**Imate li svežeg voća?**	eemahteh lee svehzhehg vochah
I'd like a fresh fruit salad.	**Želeo bih voćnu salatu.**	zhehleho beeh vochnoo sahlahtoo

ananas	ahnahnahs	pineapple
bademi	bahdehmee	almonds
banana	bahnahnah	banana
borovnica	borovneetsah	blueberries
breskve	brehskveh	peaches
brusnica	broosneetsah	cranberries
bundeva	boondehvah	pumpkin
dinja	deeñah	melon
dud	dood	mulberries
dunje	dooneh	quinces
grožđe	grozhjeh	grapes
jabuke	yahbookeh	apples
jagode	yahgodeh	strawberries
kajsije	kahyseeyeh	apricots
kesteni	kehstehneh	chestnuts
kokosov orah	kokosov orah	coconuts
kruške	krooshkeh	pears
kupine	koopeeneh	blackberries
lešnik	leshneek	hazelnuts
limun	leemoon	lemon
lubenica	loobehneetsah	watermelon
maline	mahleeneh	raspberries
mandarine	mahndahreeneh	tangerines
masline	mahsleeneh	olives
nar	nahr	pomegranate
ogrozl	ogrozl	gooseberries
orasi	orahsee	walnuts
pomorandža	pomorahnjah	orange
ribizla	reebeezlah	currants
ringlovi	reenglovee	greengage
šljive	shlʲeeveh	plums
smokve	smokveh	figs
suve šljive	sooveh shlʲeeveh	prunes
suvo grožđe	soovo grozhjeh	raisins
trešnje	trehshñeh	cherries
urme	oormeh	dates
višnje	veeshñeh	sour cherries

Dessert

If you have survived all the courses on the menu, you may want to order a dessert. Yugoslavian desserts may be fairly heavy, so be careful with your choice if you have a delicate digestion.

I'd like a dessert, please.	**Molim Vas dezert.**	moleem vahs **deh**zehrt
Nothing more, thanks.	**Ništa više, hvala lepo.**	**nee**shtah **vee**sheh **hvah**lah **leh**po
Something light, please.	**Nešto lagano, molim.**	**neh**shto lah**gah**no **mo**leem
Just a small portion.	**Malu porciju, molim.**	**mah**loo **por**tseeyoo **mo**leem

If you are not sure what to order, ask the waiter:

What do you recommend?	**Šta preporučujete?**	shtah prehpo**roo**chooyehteh
baklava	**bahk**lah**vah**	a Turkish pastry with syrup
kompot od jabuka	kompot od **yah**bookah	stewed apples
kompot od krušaka	kompot od **kroo**shahkah	stewed pears
kompot mešani	kompot **meh**shahnee	stewed mixed fruit
palačinke	pahlah**cheen**keh	pancakes
sa džemom	sah **jeh**mom	with jam
sa orasima	sah orah**see**mah	with walnuts
sa prelivom od jaja	sah **preh**leevom od **yah**yah	with egg flip
sa sirom	sah **see**rom	with cheese
pešmelba	**pehsh**mehlbah	peach melba
pita od jabuka	**pee**tah od **yah**bookah	apple strudel
pita od sira	**pee**tah od **see**rah	cheese strudel
sladoled	slah**do**lehd	ice cream
od čokolade	od choko**lah**deh	chocolate
od jagoda	od **yah**godah	strawberry
od limuna	od **lee**moonah	lemon
od vanilije	od vah**nee**leeyeh	vanilla
suva pita sa orasima	**soo**vah **pee**tah sah orah**see**mah	walnut cake
torta od čokolade	**tor**tah od choko**lah**deh	chocolate cake
torta od voća	**tor**tah od **vo**chah	fruit cake
bez šlaga	behz **shlah**gah	without whipped cream
sa šlagom	sah **shlah**gom	with whipped cream

The bill (check)

May I have the bill (check), please?	Račun, molim.	rahchoon moleem
Haven't you made a mistake?	Da niste pogrešili?	dah neesteh pogrehsheelee
Is service included?	Da li je servis uključen?	dah lee yeh sehrvees ookl'yoochehn
Is everything included?	Da li je sve uključeno?	dah lee yeh sveh ookl'yoochehno
I haven't any small change.	Nemam sitno.	nehmahm seetno
Can I charge it on a credit card?	Mogu li platiti kreditnom kartom?	mogoo lee plahteetee krehdeetnom kahrtom
Do you accept traveller's cheques?	Da li primate putne čekove?	dah lee preemahteh pootneh chehkoveh
Thank you, this is for you.	Hvala, to je za Vas.	hvahlah to yeh zah vahs
Keep the change.	Zadržite sitninu.	zahderzheeteh seetneenoo
That was a very good meal. We enjoyed it, thank you.	Vrlo dobro smo jeli. Bilo nam je vrlo prijatno, hvala Vam.	verlo dobro smo yehlee. beelo nahm yeh verlo preeyahtno hvahlah vahm
We'll come again sometime.	Doći ćemo opet.	dochee chehmo opeht

SERVIS UKLJUČEN
SERVICE INCLUDED

Complaints

But perhaps you'll have something to complain about...

There's a draught here. Could you give us another table?	**Ovde je promaja. Možete li nam dati drugi sto?**	ovdeh yeh promahyah mozhehteh lee nahm dahtee droogee sto
That's not what I ordered. I asked for...	**To nisam poručio, ja sam poručio (poručila*)...**	to neesahm poroocheeo yah sahm poroocheeo (poroocheelah)
I don't like this.	**Ovo mi se ne dopada.**	ovo mee seh neh dopahdah
I can't eat this.	**To ne mogu da jedem.**	to neh mogoo dah yehdehm
May I change this?	**Mogu li ovo da promenim?**	mogoo lee ovo dah promehneem
The meat is...	**Meso je...**	mehso yeh
overdone	**prepečeno**	prehpehchehno
underdone	**nedopečeno**	nehdopehchehno
too rare	**suviše sirovo**	sooveesheh seerovo
too tough	**suviše žilavo**	sooveesheh zheelahvo
This is too...	**Ovo je suviše...**	ovo yeh sooveesheh
sweet	**slatko**	slahtko
bitter	**gorko**	gorko
salty	**slano**	slahno
The food is cold.	**Hrana je hladna.**	hrahnah yeh hlahdnah
This is not fresh.	**Ovo nije sveže.**	ovo neeyeh svehzheh
There's a fly in my soup.	**Muva je u mojoj supi.**	moovah yeh oo moyoy soopee
Would you ask the head waiter to come over?	**Hoćete zamoliti glavnog kelnera da dodje?**	hochehteh lee zahmoleetee glahvnog kehlnehrah dah dojeh

*Feminine. See Grammar.

EATING OUT

Drinks

Beer

Beer is called *pivo* (**pee**vo) in Serbo-Croatian. In Yugoslavia, most large cities have their own brewery. Some are as many as 250 years old. The quality of the beer varies. Generally speaking, there are two kinds of beer: light (*svetlo* – **sveh**tlo) and dark (*crno* – **tser**no). Light beer is the one most commonly drunk in Yugoslavia. There is also *specijalno pivo* (speh**tsee**yahlno **pee**vo), extra strong beer compared with the other two. In some places, you'll find *dijetalno pivo* (deeyeh**tahl**no **pee**vo), a special beer for diabetics.

As a rule, beer is sold in bottles. There are relatively few places where draught (draft) beer is available. If you like cold beer, be sure to ask for it.

I'd like a bottle of beer.	**Želeo bih flašu piva.**	**zheh**leho beeh flah**shoo pee**vah
A cold beer, please.	**Hladno pivo, molim Vas.**	**hlahd**no **pee**vo **mo**leem vahs

Wine

Wine is called *vino* (**vee**no) in Serbo-Croatian. If you are travelling through the country, try the local wines. This is not just a matter of economy; it may be your only chance to sample it, since many wines don't "travel" well. Some wines are available only in the area where they are produced.

Local wines are generally sold as table wine, not bottled. As a rule, table wine is cheaper and often of just as good quality as bottled wine. But sometimes you may be offered artificial (*veštačko* – **vehsh**tahchko) wine; therefore, ask:

Is this wine natural?	**Da li je vino prirodno?**	dah lee yeh **vee**no pree**rod**no

Together with the wine, the waiter will most probably bring you a bottle of soda water. If he doesn't, say:

A bottle of soda water, please.	**Flašu soda vode molim.**	flahshoo sodah vodeh moleem

If you don't want him to pour some into your wine, tell him:

Without soda water, please.	**Bez soda vode molim.**	behz sodah vodeh moleem

Quite a few Yugoslavians are fond of *špricer* (**shpree**tsehr), wine mixed with soda water. In some areas, on the Dalmatian coast for example, people very often drink what is called *bevanda* (**beh**vahndah): wine and water.

The best known Yugoslavian wines come from Slovenia (*Slovenačka vina* – **slo**vehnahchka **vee**nah), Dalmatia (*Dalmatinska vina* – dahl**mah**teenskah **vee**nah) and from some parts of Serbia. The wines from Serbia as well as from certain other parts of the country are named after the region where they are produced: *Smederevka* (**smeh**dehrehvkah – wine from Smederevo, Serbia), *Fruškogorska vina* (**froo**shkogorskah **vee**nah – wines from Fruška Gora), etc.

If you want the wine list, ask the waiter: *Vinsku kartu molim* (**veen**sko **kahr**too **mo**leem).

Here are some of the better known wines:

Crno župsko (tsehrno zhoopsko)	a dry red wine
Dingač (deengahch)	red, full-bodied
Fruškogorski biser (frooshkogorskee beesehr)	a sparkling, champagne-like wine; medium dry
Graševina (grahshehveenah)	dry white
Jervin Muskat Hamburg (yehrveen mooskaht hahmboorg)	a sweet and heavy red wine

Ljutomer (lyootomehr)		a white wine, slightly sweet; this wine is very popular abroad
Mapa (mahpah)		a dry rosé
Muškat otonel (mooshkaht otonehl)		a light white wine, dry and flavoured
Pošip (posheep)		Dalmatian, very dry
Prokupac (prokoopahts)		a red wine, sweet and light
Prošek (proshehk)		a famous sweet Dalmatian wine; the colour depends on the kind
Rizling (reezleeng)		a dry, white wine (from different parts of the country)
Rubinova ružica (roobeenovah roozheetsah)		dry rosé
Semijon (sehmeeyohn)		very dry white
Traminac (trahmeenahts)		a white wine drier than *Muškat*
Vršačko belo (vehrshahchko behlo)		a light white wine
Žilavka (zheelahvkah)		a dry white wine from Herzegovina
I'd like...of...	Želeo bih...	zhehleho beeh...
a bottle	flašu	flahshoo
half a bottle	pola flaše	polah flahsheh
a glass	čašu	chahshoo
a litre	litru	leetroo
I'd like something...	Želeo bih...	zhehleho beeh...
sweet/sparkling/dry	slatko/penušavo/oporo	slahtko/pehnooshahvo/oporo
I want a bottle of white wine.	Želeo bih flašu belog vina.	zhehleho beeh flahshoo behlog veenah
I don't want anything too sweet.	Ne želim slatko vino.	neh zhehleem slahtko veeno
How much is a bottle of...?	Koliko košta flaša...?	koleeko koshtah flahshah

That's too expensive.	**To je suviše skupo.**	to yeh sooveesheh skoopo
Haven't you anything cheaper?	**Zar nemate ništa jeftinije?**	zahr nehmahteh neeshtah yehfteeneeyeh
Fine, that will do.	**To sasvim odgovara.**	to sahsveem odgovahrah

If you enjoyed the wine, you may want to say:

Bring me another..., please.	**Donesite mi još jednu...molim Vas.**	donehseeteh mee yosh yehdnoo...moleem vahs
glass/bottle	**čašu/flašu**	chahshoo/flahshoo
What is the name of this wine?	**Kako se zove ovo vino?**	kahko seh zoveh ovo veeno
Where does this wine come from?	**Odakle je ovo vino?**	odahkleh yeh ovo veeno
How old is this wine?	**Koliko je staro ovo vino?**	koleeko yeh stahro ovo veeno

dry	**oporo**	oporo
red	**crno**	tserno
rosé	**ružica**	roozheetsah
sparkling	**penušavo**	pehnooshahvo
sweet	**slatko**	slahtko
white	**belo**	behlo
chilled	**rashladjeno**	rahshlahjehno
at room temperature	**na sobnoj temperaturi**	nah sobnoy tehmpehrahtooree

Although there are certain principles concerning the choice of wine with a dish, it still remains a matter of personal preference. It is true that, on the whole, white wine goes better with fish or light meat; red, with dark meat. But it's your holiday, your palate – so choose what you (and your guests) want. Yugoslavia offers ample opportunity for this.

Other alcoholic drinks

Don't expect to find mixed drinks or cocktails in a small *gostiona* (gosteeonah). For these you'll have to go to more sophisticated bars and hotels.

I'll have a(n)..., please.	**Molim Vas...**	moleem vahs
aperitif	**aperitiv**	ahpeh**ree**teev
brandy (cognac)	**konjak**	ko**ñ**ahk
gin	**džin**	jeen
gin and tonic	**džin i tonik**	jeen ee **to**neek
gin-fizz	**džin fis**	jeen fees
liqueur	**liker**	lee**keh**r
port	**port**	port
rum	**rum**	room
sherry	**šeri**	**sheh**ree
dry/sweet	**opor/slatki**	**o**por/**slaht**kee
vermouth	**vermut**	**vehr**moot
vodka	**votku**	**vot**koo
whisky	**viski**	**vees**kee
whisky and soda	**viski sa sodom**	**vees**kee sah **so**dom

glass	**čaša**	**chah**shah
bottle	**flaša**	**flah**shah
single	**jedna čaša**	**yehd**nah **chah**shah
double	**duplo**	**doo**plo

Yugoslav specialities

kajsijevača apricot brandy
(kahyseeyehvahchah)

klekovača plum brandy mixed with berries
(klehkovahchah)

lozovača grape brandy
(lozovahchah)

maraskino maraschino cherry liqueur
(mahrahskeenoh)

mastika (**mah**steekah)	a liquor distilled from mastic herbs	
pelinkovac (peh**leen**kovahts)	an absinth liqueur	
prepečenica (prehpeh**cheh**neetsah)	extra strong plum brandy	
rakija (**rah**keeyah)	a general term for all local hard liquor; still, if you order **rakija** you will generally be served a **šljivovica**	
šljivovica (shlyee**vo**veetsah)	plum brandy	
vinjak (**vee**ñahk)	local cognac	
I would like to taste *vinjak*, please.	**Želeo bih da probam vinjak, molim Vas.**	**zheh**leho beeh dah **pro**bahm **vee**ñahk **mo**leem vahs
Are there any local specialities?	**Da li imate nekih lokalnih specijaliteta?**	dah lee **ee**mahteh **neh**keeh lo**kah**lneeh spehtseeyah**lee**tehtah
Bring me a glass of *maraskino*, please.	**Donesite mi čašu maraskina, molim Vas.**	do**neh**seeteh mee **chah**shoo mahrah**skee**nah **mo**leem vahs

> **ŽIVELI!**
> (**zhee**vehlee)
> CHEERS!

EATING OUT

Other beverages

I'd like a…	**Želeo bih…**	zhehleho beeh
Have you any…?	**Imate li…?**	eemahteh lee
chocolate	**čokoladu**	chokolahdoo
coffee	**kafu**	kahfoo
cup of coffee	**šoljicu kafe**	sholyeetsoo kahfeh
coffee with cream	**kafu sa nemućenim šlagom**	kahfoo sah nehmoochehneem shlahgom
expresso coffee	**espreso kafu**	ehsprehso kahfoo
iced coffee	**ajskafe**	ahyskahfeh
fruit juice	**voćni sok**	vochnee sok
grapefruit	**grepfrut**	grehpfroot
lemon/orange	**limun/ orandžadu**	leemoo/orahnjahdoo
pineapple/tomato	**ananas/paradajz**	ahnahnahs/pahrahdahyz
lemonade	**limunadu**	leemoonahdoo
milk	**mleko**	mlehko
mineral water	**mineralnu vodu**	meenehrahlnoo vodoo
orangeade	**oranžadu**	orahnjahdoo
soda water	**soda vodu**	sodah vodoo
tea	**čaj**	chahyah
with milk/lemon	**sa mlekom/ limunom**	sah mlehkom/leemoonom
tonic water	**tonik**	toneek

Note: Almost every area in Yugoslavia has its own kind of mineral water. It is always sold in bottles. Flavours vary.

Tea and coffee

Tea in Yugoslavia is never served with milk but always either with lemon or a mediocre rum. When you order coffee, it's almost certain to be *turska kava* (**toor**skah **kah**vah) – the Turkish brew. Though it's quite strong, Turkish coffee is usually well blended. The coffee, water and sugar are all boiled together, then poured directly into the cup. Let it sit a minute so that the grounds can settle to the bottom, and then sip only half the cup. Expresso or American-brewed coffee are served only in some big, international hotels.

Eating light – Snacks

The Yugoslav *bife* (**bee**feh – a kind of snack bar) offers a more limited choice of menu than you may be accustomed to in snack bars at home. There is no equivalent to the American drugstore.

Since most of the snacks are on display, you will not need to say much more than:

I'll have one of those, please.	**Molim Vas jedno od onog.**	**mo**leem vahs **yeh**dno od onog
Give me two of those and one of those.	**Dajte mi dve od onih i jedan od onih.**	**dah**yteh mee dveh od oneeh ee **yeh**dahn od oneeh
Not that one... The one over there.	**Ne taj...Onaj gore.**	neh tahy...**o**nahy **go**reh
On the top shelf/on the shelf below.	**Na najgornjoj polici/na donjoj polici.**	nah **nah**ygorñoy po**lee**tsee/ nah **do**ñoy po**lee**tsee
to the left	**na levo**	nah **leh**vo
to the right	**na desno**	nah **deh**sno
above	**gore**	**go**reh
below	**dole**	**do**leh
Over there.	**Tamo.**	**tah**mo
I want a/an/some..., please.	**Želim...molim Vas.**	**zheh**leem...**mo**leem vahs
Do you have any...?	**Imate li...?**	**ee**mahteh lee
I'd like a/an/some...	**Želim...**	**zheh**leem
beefburger	**faširani šnicl**	fah**shee**rahnee shneetsl
biscuits	**keks**	kehks
bread	**hleb [kruh]**	hlehb [krooh]
butter	**puter**	**poo**tehr
cake	**kolač**	**ko**lahch
chocolate	**čokoladu**	choko**lah**doo
cookies	**keks**	kehks
hot dog	**viršle**	**veersh**leh
ice-cream	**sladoled**	**slah**dolehd
pastry	**kolače**	**ko**lahcheh
pie	**paštetu**	pahsh**teh**too
roll	**kiflu [kajzericu]**	**kee**floo [kahy**zeh**reetsoo]
salad	**salatu**	sah**lah**too

sandwich	**sendvič**	sehndveech
sweets	**slatkiše**	slahtkeesheh
toast	**prepržen hleb [kruh]**	prehperzhehn hlehb [krooh]
waffles	**kekse**	kehhkseh
How much is that?	**Koliko to košta?**	koleeko to koshtah

garlic	**beli luk**	behlee look
mustard	**senf**	sehnf
pepper	**biber**	beeber
salt	**so**	so
sugar	**šećer**	shehchehr
vinegar	**sirće [ocat]**	seercheh [otsaht]

Travelling around

Plane

Very brief – because at any airport you're sure to find someone who speaks English. But here are a few airborne expressions you may want to know…

Do you speak English?	**Da li govorite engleski?**	dah lee **go**voreeteh **ehn**glehskee
Is there a flight to…?	**Da li ima let za…?**	dah lee **ee**mah leht zah
When's the next plane to…?	**Kad ima sledeći avion za…?**	kahd **ee**mah **sleh**dehchee ah**vee**on zah
Can I make a connection to…?	**Imam li vezu za…?**	**ee**mahm lee **veh**zoo zah
I'd like a ticket to…	**Želeo bih kartu za…**	**zheh**leho beeh **kahr**too zah
What's the fare to…?	**Koliko košta karta do…?**	ko**lee**ko **kosh**tah **kahr**tah do
single (one-way)	**u jednom pravcu**	oo **yehd**nom **prahv**tsoo
return (roundtrip)	**povratna**	**pov**rahtnah
What time does the plane take off?	**Kada poleće avion?**	**kah**dah po**leh**cheh ah**vee**on
What time do I have to check in?	**Kad treba da se javim?**	kahd **treh**bah dah seh **yah**veem
What's the flight number?	**Koji je broj leta?**	**ko**yee yeh broy **leh**tah
What time do we arrive?	**Kad stižemo?**	kahd **stee**zhehmo

DOLAZAK	**POLAZAK**
ARRIVAL	DEPARTURE

Train

You're probably not going to spend a great deal of time travelling by train or standing in the railway station, so we shall confine ourselves to certain stock situations, presenting them in the order you're likely to encounter them.

If you're worried about railway tickets or timetables, go to a travel agency where they speak English, or see the *portir* (**por**teer) of your hotel.

On the main railway lines in Yugoslavia, trains are electric or diesel. They're generally on time.

Types of trains

Ekspresni voz* (ehk**spreh**snee voz)	This train stops only at the main stations; a supplement is required. For some express trains, advance booking is necessary.
Brzi voz* (**ber**zee voz)	This train stops at main stations only. It may be necessary to book seats in advance.
Putnički voz* (**poot**neechkee voz)	A local train stopping at all stations
Poslovni voz* (**pos**lovnee voz)	A day train running between the major cities (Belgrade-Zagreb, for instance), leaving in the morning and coming back in the evening; very fast and comfortable
Šinobus (**shee**noboos)	A small diesel train used for short runs

* **Voz** (train) is the word used in Belgrade and the eastern part of the country. In Zagreb and the western part it's **vlak**.

To the railway station

Where's the railway station?	Gde je železnička stanica?	gdeh yeh **zhehlehzneechkah stahneetsah**
Taxi, please!	Taksi, molim!	**tahksee moleem**
Take me to the railway station.	Odvezite me na železničku stanicu.	odvehzeeteh meh nah **zhehlehzneechkoo stahneetsoo**
What's the fare?	Koliko košta?	koleeko koshtah

Tickets

Where's the...?	Gde je...?	gdeh yeh
information office	šalter za informacije	**shahl**tehr zah eenformahtseeyeh
reservation office	biro za rezervaciju karata	beero zah rehzehrvahtseeyoo **kahr**ahtah
ticket office	prodaja karta	prodahyah **kahr**tah
I want a ticket to Rijeka, second-class return.	Želeo bih povratnu kartu za Rijeku, drugi razred.	zhehleho beeh povrah tnoo kahrtoo zah reeyehkoo droogee rahzrehd
I'd like two singles to Dubrovnik.	Želeo bih dve jednosmerne karte za Dubrovnik.	zhehleho beeh dveh yehdnosmehrneh **kahr**teh zah doobrovneek
How much is the fare to Belgrade?	Koliko košta karta za Beograd?	koleeko koshtah kahrta zah behograhd
Is it half price for a child?	Da li se za dete plaća pola karte?	dah lee seh zah dehteh plahchah polah **kahr**teh

Note: In Yugoslavia, children up to the age of four travel free; from four to twelve it's half price.

Possible answers	
Prvu ili drugu klasu?	First or second class?
U jednom pravcu ili povratnu kartu?	Single or return (one-way or roundtrip)?
Pola karte je do dvanaest godina.	It's half price up to the age of 12.
Moraćete da platite celu kartu.	You'll have to pay full fare.

FOR TAXI, see page 27

Further enquiries

Is it a through train?	**Da li je to direktni voz*?**	dah lee yeh to deer**ehkt**nee voz
Does this train stop at...?	**Da li voz* staje u...?**	dah lee voz **stah**yeh oo
When's the...train to Split?	**Kad ide...voz* za Split?**	kahd **ee**deh...voz zah spleet
first/last/next	**prvi/poslednji/sledeći**	**per**vee/pos**lehd**ñee/**slehd**ehchee
What time does the train from Belgrade arrive?	**Kad stiže voz* iz Beograda?**	kahd **stee**zheh voz eez beh**o**grahda
What time does the train for Sarajevo leave?	**Kad polazi voz* za Sarajevo?**	kahd po**lah**zee voz zah sa**rah**yehvo
Will the train leave on time?	**Da li voz* polazi na vreme?**	dah lee voz po**lah**zee nah **vreh**meh
Is the train late?	**Da li voz* kasni?**	dah lee voz **kah**snee
Is there a dining-car on the train?	**Da li voz* ima kola za ručavanje?**	dah lee voz **ee**mah **ko**lah zah roo**chah**vahñeh

ULAZ	ENTRANCE
IZLAZ	EXIT
PERONI	TO THE PLATFORMS

Where's the...?

Where's the...?	**Gde je...?**	gdeh yeh
bar	**bar**	bahr
buffet	**bife**	**bee**feh
restaurant	**restoran**	reh**sto**rahn
left luggage office	**garderoba**	gahrdeh**ro**bah
lost and found office	**biro za nadjene stvari**	**bee**ro zah **nah**jehneh **stvah**ree
newsstand	**kiosk za novine**	kee**o**sk zah **no**veeneh
waiting room	**čekaonica**	chehkah**o**neetsah
Where are the toilets?	**Gde je toalet?**	gdeh yeh toah**leht**

* **Vlak** in Zagreb and the western part of the country.

Platform (track)

What platform does the train for Rijeku leave from?	**Sa koga koloseka polazi voz* za Rijeku?**	sah kogah kolosehkah polahzee voz reeyehkoo
What platform does the train from Zagreb arrive at?	**Na koji kolosek dolazi voz* iz Zagreba?**	nah koyee kolosehk dolahzee voz eez zahgrehbah
Where's platform 7?	**Gde je peron 7?**	gdeh yeh pehron sehdahm
Is this the right platform for the train to...?	**Da li je ovo peron za voz* za...?**	dah lee yeh ovo pehron zah voz zah

Possible answers

Ovo je direktni voz*.	It's a direct train.
Morate presedati u...	You have to change at...
Presednite u...u lokalni voz*.	Change at...and get a local train.
Peron...je...	Platform...is...
tamo/dole	over there/downstairs
na levo/na desno	on the left/on the right
Voz* za...kreće u...sa ...perona.	The train to...will leave at... from platform...
Voz* u...za...kasni... minuta.	The...train for...will be... minutes late.
Voz* iz...je upravo stigao na...peron.	The train from...is now arriving at platform...
Voz* kasni...minuta.	There'll be a delay of... minutes.

---

* **Vlak** in Zagreb and the western part of the country.

All aboard

Excuse me. May I get by?	**Izvinite. Mogu li da prodjem?**	eezveeneeteh mogoo lee dah projehm
Is this seat taken?	**Da li je ovo mesto zauzeto?**	dah lee yeh ovo mehsto zahoozehto
Is this seat free?	**Da li je ovo mesto slobodno?**	dah lee yeh ovo mehsto slobodno

> **ZABRANJENO PUŠENJE**
> NO SMOKING

I think that's my seat.	**Mislim da je to moje mesto.**	meesleem dah yeh to moyeh mehsto
Can you tell me when we get to...?	**Možete li mi reći kad stižemo u...?**	mozhehteh mee rehchee kahd steezhehmo oo
What station is this?	**Koja je ovo stanica?**	koyah yeh ovo stahneetsah
How long does the train stop here?	**Koliko dugo stoji voz [vlak] ovde?**	koleeko doogo stoyee voz [vlahk] ovdeh
When do we get to Titograd?	**Kad stižemo u Titograd?**	kahd steezhehmo oo teetograhd

Some time on the journey the ticket-collector (*kondukter*–kon**dook**tehr) will come around and say: *Karte molim* (Tickets, please).

Eating

If you want a full meal in the dining-car (*vagon-restoran —* **vah**gon reh**stoh**rahn), you may have to get a ticket from the attendant who'll come to your compartment. There are usually two sittings for lunch and dinner. State which one you prefer.

First/Second sitting, please.	**Prvu/Drugu partiju [prvo/drugo serviranje], molim.**	pervoo/droogoo pahrteeyoo [pervo/droogo sehrveerahñeh] moleem

Sleeping

Are there any free compartments in the sleeping car?	**Da li ima slobodnih kupea u kolima za spavanje?**	dah lee **ee**mah **slo**bodneeh **koo**pehah oo **ko**leemah zah **spah**vahñeh
Where's the sleeping car?	**Gde su kola za spavanje?**	gdeh soo **ko**lah zah **spah**vahñeh
Compartments 18 and 19, please.	**Kupe 18 i 19, molim.**	koo**peh** 18 ee 19 **mo**leem
Would you make up our berths?	**Hoćete li napraviti naše krevete?**	**ho**chehteh lee **nah**prahveetee **nah**sheh **kreh**vehteh
Would you call me at 7 o'clock?	**Probudite me, molim Vas, u sedam sati.**	pro**boo**deeteh meh **mo**leem vahs oo **seh**dahm **sah**tee
Would you bring me some coffee/tea in the morning?	**Donesite mi, molim Vas, kafu/čaj ujutro.**	do**neh**seeteh mee **mo**leem vahs **kah**foo/chahy **oo**yootro

Baggage and porters

Can you help me with my bags?	**Možete li mi poneti kofere?**	**mo**zhehteh lee mee po**neh**teh **ko**fehreh
Put them down here, please.	**Stavite ih ovde, molim Vas.**	**stah**veeteh eeh **ov**deh **mo**leem vahs

Note: You could, if you want, have them sent *mitgepek* (**meet**-gehpehk). In that case, your luggage is put into the baggage car, and you collect it at the end of the trip, but there's an extra charge for this.

FOR PORTERS, see also page 24

Lost!

We hope you'll have no need for the following phrases on your trip... but just in case:

Where's the lost property office?	**Gde je biro za nadjene stvari?**	gdeh yeh beero zah nahjehneh stvahree
I've lost my...	**Izgubio sam...**	eezgoobeeo sahm
this morning	**jutros**	yootros
yesterday	**jučer**	yoochehr
I lost it in...	**Izgubio sam u...**	eezgoobeeo sahm oo
It's very valuable.	**To je vrlo skupoceno.**	to yeh verlo skoopotsehno

Timetables

If you intend to do a lot of train travelling, it might be a good idea to buy a timetable. These are based on the 24-hour clock and are for sale at ticket offices, information desks and in some bookshops.

I'd like to buy a timetable.	**Želeo bih da kupim red vožnje.**	zhehleho beeh dah koopeem rehd vozhñeh

Boats

Boats ply up and down the Danube. A river-boat trip on the Belgrade-Djerdap stretch of the Danube, with its medieval castles, vineyards and numerous points of interest (Tabula Traiana, for instance), is well worthwhile.

The phrases contained in the "Train" section will suffice for a river journey, so we'll content ourselves with learning just a few words:

berth	**ležaj**	lehzhahy
cabin	**kabina**	kahbeenah
deck	**paluba**	pahloobah
dock	**pristati**	preestahtee
port	**pristanište**	preestahneeshteh

Bus – Tramway (streetcar)

In most buses and tramways, you pay as you enter. In some rural buses, you may find the driver also acting as the conductor.

I'd like a bus pass.	Želeo bih pretplatnu kartu za autobus.	**zheh**leho beeh **preht**plahtnoo **kahr**too zah ahootoboos
Where can I get a bus to...?	Gde mogu da uzmem autobus za...?	gdeh **mo**goo dah **ooz**mehm ahootoboos zah
What bus do I take for...?	Koji autobus treba da uzmem za...?	**ko**yee ahootoboos **treh**bah dah **ooz**mehm zah
Where's the...?	Gde je...?	gdeh yeh
bus stop/bus station/ terminus	autobusna stanica/ poslednja stanica	ahootoboosnah **stah**neetsah/ pos**leh**dñah **stah**neetsah
When's the...bus to Dubrovnik?	Kad ide...autobus za Dubrovnik?	kahd **ee**deh...ahootoboos zah **doo**brovneek
first/last/next	prvi/poslednji/ sledeći	**per**vee/pos**leh**dñee/ **sleh**dehchee
How often do the buses to Titograd run?	Kako često ide autobus za Titograd?	**kah**ko **cheh**sto **ee**deh ahootoboos zah **tee**tograhd
How much is the fare to...?	Koliko košta do...?	ko**lee**ko **kosh**tah do
Do I have to change buses?	Da li treba da menjam autobus?	dah lee **treh**bah dah **meh**ñahm ahootoboos
How long does the journey take?	Koliko traje vožnja?	ko**lee**ko **trah**yeh **vozh**ñah
Will you tell me when to get off?	Hoćete li mi, molim Vas, reći kad treba da sidjem.	**ho**chehteh lee mee **mo**leem vahs **reh**chee kahd **treh**bah dah **see**yehm
I want to get off at Marsala Tita street.	Hoću da sidjem u Maršala Tita ulici.	**ho**choo dah **see**jehm oo mahr**shah**lah **tee**tah oo**leet**see
Please let me off at the next stop.	Hteo bih da sidjem na sledećoj stanici, molim Vas.	**hteh**o beeh dah **see**yehm nah **sleh**dehchoy **stah**neetsee **mo**leem vahs

TRAVELLING AROUND

Your baggage will have to go on the roof/into the luggage compartment.	**Vaš prtljag se mora staviti na krov/na mesto za prtljag.**	vahsh pertl'ahg seh morah stahveetee nah krov/nah mehsto zah pertl'ahg
I want my baggage, please.	**Molim Vas moj prtljag.**	moleem vahs moy pertl'ahg

AUTOBUSKA STANICA **BUS STOP**	**STANICA PO POTREBI** **STOP ON REQUEST**

Or try one of these to get around...

bicycle	**bicikl [kotač]**	beet**seek**l [**ko**tahch]
helicopter	**helikopter**	hehlee**kop**tehr
hitch-hiking	**autostopiranje**	ahootosto**pee**rahñeh
horseback riding	**jahanje**	**yah**hahñeh

And if you're really stuck, go...

walking	**pešice**	peh**shit**seh

TRAVELLING AROUND

Around and about – Sightseeing

Here we're more concerned with the cultural aspect of life than with entertainment; and, for the moment, with towns rather than the countryside. If you want a guide book, ask...

Can you recommend a good guide book for...?	Možete li mi preporučiti dobar vodič za...?	mozhehteh lee mee prehporoocheetee dobahr vodeech zah
Is there a tourist office?	Ima li ovde turistički biro?	eemah lee ovdeh tooreesteechkee beero
What are the main points of interest?	Koja su mesta ovde najinteresantnija?	koyah so mehstah ovdeh nahyeentehrehsahntneeyah
We're only here for...	Ovde se zadržavamo samo...	ovdeh seh zahderzhahvahmo sahmo
a few hours	nekoliko sati	nehkoleeko sahtee
a day	jedan dan	yehdahn dahn
three days	tri dana	tree dahnah
a week	nedelju dana	nehdehl'oo dahnah
Can you recommend a sightseeing tour?	Da li mi možete preporučiti neku turu za razgledanje grada?	dah lee mee mozhehteh prehporoocheetee nehkoo tooroo zah rahzglehdahñeh grahdah
Where does the bus start from?	Odakle polazi autobus?	odahkleh polahzee ahootoboos
Will it pick us up at the hotel?	Da li nas može uzeti ispred hotela?	dah lee nahs mozheh oozehtee eesprehd hotehlah
What bus/tram do we want?	Koji autobus/ tramvaj nam treba?	koyee ahootoboos/ trahmvahy nahm trehbah
Take a No. 7 from the Square.	Uzmite broj sedam sa Trga.	oozmeeteh broy sehdahm sah tergah
How much does the tour cost?	Koliko košta obilazak?	koleeko koshtah obeelahzahk
What time does the tour start?	Kad počinje obilazak?	kahd pocheeñeh obeelahzahk

FOR TIME OF DAY, see page 178

We'd like to rent a car for the day.	Želeo bih unajmiti kola za jedan dan.	zhehleho beeh eeznahymeetee kolah zah yehdahn dahn
Is there an English-speaking guide?	Da li ima vodič koji govori engleski?	dah lee eemah vodeech koyee govoree ehnglehskoe
Where is/are the...?	Gde je/su...?	gdeh yeh/soo
abbey	manastir (samostan)	mahnahsteer (sahmostahn)
aquarium	akvarium	ahkvahreeoom
antiquities	starine	stahreeneh
art gallery	umetnička galerija	oomehtneechkah gahlehreeyah
botanical gardens	botanička bašta	botahneechkah bahshtah
building	zgrada	zgrahdah
business district	poslovni centar	poslovnee tsehntahr
castle	zamak	zahmahk
catacombs	katakombe	kahtahkombeh
cathedral	katedrala	kahtehdrahlah
cave	pećina (špilja)	pehcheenah (shpeelyah)
cemetery	groblje	groblyeh
church	crkva	tsehrkvah
concert hall	koncertna dvorana	kontsehrtnah dvorahnah
convent	samostan	sahmostahn
docks	brodski dokovi	brodskee dokovee
downtown area	centar grada	tsehntahr grahdah
exhibition	izložba	eezlozhbah
factory	tvornica	tvorneetsah
fortress	tvrdjava	tverjahvah
fountain	vodoskok	vodoskok
gardens	vrtovi	verto vee
glass-works	tvornica stakla	tvorneetsah stahklah
harbour	luka	lookah
lake	jezero	yehzehro
law courts	sud	sood
library	biblioteka	beebleeotehkah
market	pijaca	peeyahtsah
memorial	spomenik	spomehneek
monastery	manastir	mahnahsteer
monument	spomenik	spomehneek
mosque	džamija	jahmeeyah
museum	muzej	moozehy
observatory	opservatorija	opsehrvahtoreeyah
opera house	opera	opehrah
park	park	pahrk
planetarium	planetarium	plahnehtahreeoom

(central) post office	**(glavna) pošta**	(glahvnah) poshtah
ruins	**razvaline**	rahzvahleeneh
shopping centre	**centar za kupovinu**	tsehntar zah koopoveenoo
shrine	**grobnica**	grobneetsah
stadium	**stadion**	stahdeeon
statue	**spomenik**	spomehneek
synagogue	**sinagoga**	seenahgogah
television studios	**televizijski studio**	tehlehveezeeyskee stoodeeo
temple	**hram**	hrahm
tomb	**grobnica**	grobneetsah
tower	**toranj**	torahñ
town centre	**centar grada**	tsehntar grahdah
town hall	**opština grada (većnica)**	opshteenah grahdah (vehchneetsah)
university	**univerzitet**	ooneevehrzeeteht
vineyards	**vinogradi**	veenograhdee
zoo	**zoološki vrt**	zooloshkee vert

Admission

Is the...open on Sundays?	**Da li je...otvoreno nedeljom?**	dah lee yeh...otvorehno nehdehlyom
When does it open?	**Kad se otvara?**	kahd seh otvahrah
When does it close?	**Kad se zatvara?**	kahd seh zahtvahrah
How much is the admission charge?	**Koliko košta ulaz?**	koleeko koshtah oolahz
Is there any reduction for students?	**Imaju li studenti popust?**	eemahyoo lee stoodehntee popoost
Here's my ticket.	**Izvolite moju kartu.**	eezvoleeteh moyoo kahrtoo
Have you a guide book (in English)?	**Imate li vodič (na engleskom)?**	eemahteh lee vodeech (nah ehnglehskom)
Is it all right to take pictures?	**Da li je dozvoljeno fotografisanje?**	dah lee yeh dozvolyehno fotograhfeesahñeh

ULAZ SLOBODAN ADMISSION FREE

SIGHTSEEING

Who – What – When?

What's that building?	Kakva je to zgrada?	kahkvah yeh to zgrahdah
Who was the...?	Ko je bio...?	ko yeh beeo
architect	arhitekta	ahrheetehktah
artist	umetnik	oomehtneek
painter	slikar	sleekahr
sculptor	skulptor	skoolptor
Who built it?	Ko je to sagradio?	ko yeh to sahgrahdeeo
Who painted that picture?	Ko je naslikao tu sliku?	ko yeh nahsleekaho too sleekoo
When did he live?	Kada je on živeo?	kahdah yeh on zheeveho
When was it built?	Kada je to sagradjeno?	kahdah yeh to sahgrahjehno
Where's the house where...lived?	Gde je kuća u kojoj je živeo...?	gdeh yeh koochah oo koyoy yeh zheeveho
We're interested in...	Nas interesuje...	nahs eentehrehsooyeh
antiques	starine	stahreeneh
archaeology	arheologija	ahrhehologeeyah
art	umetnost	oomehtnost
botany	botanika	botahneekah
ceramics	keramika	kehrahmeekah
coins	stari novac	stahree novahts
fine arts	umetnost	oomehtnost
furniture	nameštaj	nahmehshtahy
geology	geologija	gehologeeyah
history	istorija [povijest]	eestoreeyah [poveeyehst]
local crafts	lokalne rukotvorine	lokahlneh rookotvoreeneh
medicine	medicina	mehdeetseenah
music	muzika	moozeekah
natural history	prirodopis	preerodopees
ornithology	nauka o pticama	nahookah o pteetsahmah
painting	slikarstvo	sleekahrstvo
pottery	grnčarija	gernchahreeyah
sculpture	skulptura	skoolptoorah
zoology	zoologija	zoologeeyah
Where's the...department?	Gde je odsek...?	gdeh yeh odsehk

SIGHTSEEING

Just the adjective you've been looking for...

It's...	To je...	to yeh
amazing	**zapanjujuće**	zahpahñooyoocheh
awful	**strašno**	strahshno
beautiful	**divno**	deevno
gloomy	**sumorno**	soomorno
hideous	**grozno**	grozno
interesting	**interesantno**	eentehreh**sahnt**no
magnificent	**krasno**	krahsno
monumental	**veličanstveno**	vehleechahnstvehno
overwhelming	**neodoljivo**	nehodol'eevo
sinister	**rdjavo**	erjahvo
strange	**čudno**	choodno
superb	**izvanredno**	eezvahnrehdno
terrible	**strašno**	strahshno
terrifying	**užasno**	oozhahsno
ugly	**ružno**	roozhno
vivid	**živo**	zheevo

Church services

All churches and cathedrals are open to the public. Some are, however, not open all day long. In most churches it is not necessary to ask permission for taking photographs.

Is there a...near here?	Ima li...ovde?	eemah lee...ovdeh
Orthodox church	**pravoslavna crkva**	prahvoslahvnah tsehrkvah
Protestant church	**protestantska crkva**	protehstahntskah tsehrkvah
Catholic church	**katolička crkva**	kahtoleechkah tserkvah
synagogue	**sinagoga**	seenah**go**gah
mosque	**džamija**	jahmeeyah
At what time is the...?	U koliko sati je...?	oo koleeko sahtee yeh
morning liturgy	**jutarnja liturgija**	yootahrñah leetoorgeeyah
morning/evening services	**jutarnja/večernja služba**	yootahrñah/**veh**chehrñah sloozhbah
high mass	**svečana misa**	svehchahnah meesah
sabbath services	**subotnja služba**	sooboтñah sloozhbah
Where can I find... who speaks English?	Gde mogu da nadjem...koji govori engleski?	gdeh mogoo dah nahyehm... koyee govoree ehnglehskee
a clergyman	**sveštenika**	sveshtehneekah
a rabbi	**rabina**	rahbeenah

SIGHTSEEING

Relaxing

Cinema (movies) – Theatre

Cinema showings are not continuous in Yugoslavia. Tickets can generally be obtained just before the performance starts; sometimes, however, you may need to book your seat in advance. You can expect one feature film, a newsreel, and some advertisements. There's no intermission midway through the feature. Smoking is not allowed, either in cinemas or in theatres. The first cinema showing generally starts at 2 or 3 p.m. At some cinemas thare are performances beginning at 10 a.m. Theatres start at 8 p.m. Booking in advance is advisable for new films and plays.

You can find out what's playing from daily newspapers and billboards. In some large towns, you can buy publications of the type "This week in…".

Have you a copy of "This week in…"?	**Imate li jedan primerak publikacije "Ovo nedelje u…"?**	eemahteh lee yehdahn preemehrahk poobleekahtseeyeh oveh nehdehl^yeh oo
What's on at the cinema tonight?	**Šta se daje u kinu večeras?**	shtah seh dahyeh oo keenoo vehchehrahs
What's playing at the National Theatre?	**Šta se daje u Narodnom pozorištu [kazalištu]**	shtah seh dahyeh oo nahrodnom pozoreeshtoo [kahzahleeshtoo]
What sort of film is it?	**Kakav je to film?**	kahkahv yeh to feelm
Who's it by?	**Ko igra?**	ko eegrah
Can you recommend a…?	**Možete li mi preporučiti…?**	mozhehteh lee mee prehporoocheeteh
comedy	**komediju**	komehdeeyoo
drama	**dramu**	drahmoo
film	**film**	feelm
musical	**mjuzikl**	myoozeekl
play	**komad**	komahd
revue	**reviju**	rehveeyoo
thriller	**kriminalni film**	kreemeenahlnee feelm
western	**kaubojski film**	kahooboyskee feelm

At what theatre is that new play by... showing?	U kome pozorištu [kazalištu] se daje onaj novi komad od...?	oo **ko**meh pozo**reesh**too [kah**zah**leeshtoo] seh **dah**yeh onahy novee ko**mahd** od
Where's that new film by... playing?	Gde se daje onaj novi film od...?	gdeh seh **dah**yeh onahy novee feelm od
Who's in it?	Ko igra?	ko **eeg**rah
Who's playing the lead?	Ko igra glavnu ulogu?	ko **eeg**rah **glahv**noo **oo**logoo
Is the dialogue in Serbo-Croatian?	Da li je film na srpskohrvatskom	dah lee yeh feelm nah serpsko**her**vahtskom
What time does it begin	U koliko sati počinje?	oo ko**lee**ko **sah**tee po**chee**ñeh
What time does the show end?	Kad se predstava završava?	kahd seh **prehd**stahvah zah**ver**shahvah
Is there a matinee*/late show?	Da li ima matine*/predstava kasno uveče?	dah lee **ee**mah mah**tee**neh/**prehd**stahvah **kahs**no oo**vehch**eh
What time does the first evening performance start?	Kad počinje prva večernja predstava?	kahd po**chee**neh **per**vah veh**chehr**ñah **prehd**stahvah
Are there any tickets for tonight?	Ima li još karata za večeras?	**ee**mah lee yosh **kah**rahtah zah veh**cheh**rahs
I want to reserve two tickets for the show on Friday evening.	Želim da rezervišem dve karte za pretstavu u petak uveče.	**zheh**leem dah rehzhehr**vee**shehm dveh **kahr**teh zah **prehd**stahvoo oo **peh**tahk oo**vehch**eh
Can I have a ticket for the matinee* on Tuesday?	Mogu li da dobijem kartu za matine* u utorak?	**mo**goo lee dah do**bee**yehm **kahr**too zah mah**tee**neh oo **oo**torahk
I want a seat in the stalls (orchestra).	Želim jednu kartu u parteru.	**zheh**leem **yehd**noo **kahr**too oo pahr**teh**roo
Not too far back.	Ne suviše nazad.	neh **soo**veesheh **nah**zahd
Somewhere in the middle.	Negde u sredini.	**nehg**deh oo sreh**dee**nee
What are the cheapest seats in the balcony?	Koja su najjeftinija sedišta na balkonu?	**ko**yah soo nahyyehf**tee**neeyah seh**deesh**tah nah bahl**ko**noo

* Careful: in some places in Yugoslavia, **matine** means a morning performance beginning at 10 or 10.30.

May I have a programme, please?	**Molim Vas jedan program.**	moleem vahs yehdahn prograhm
Can I check this coat?	**Mogu li ostaviti ovaj kaput u garderobu?**	mogoo lee ostahveetee ovahy kahpoot oo gahrdehroboo
Here's my ticket.	**Izvolite kartu.**	eezvoleeteh kahrtoo

Opera – Ballet – Concert

Where's the opera house?	**Gde je opera?**	gdeh yeh opehrah
Where's the concert hall?	**Gde je koncertna dvorana?**	gdeh yeh kontsehrtnaah dvorahnah
What's on at the opera tonight?	**Šta se daje večeras u operi?**	shtah seh dahyeh vehchehrahs oo opehree
Who's singing?	**Ko peva?**	ko pehvah
Who's dancing?	**Ko igra?**	ko eegrah
What time does the performance start?	**Kad počinje predstava?**	kahd pocheeñeh prehdstahvah
What orchestra is playing?	**Koji orkestar svira?**	koyee orkehstahr sveeran
What are they playing?	**Šta sviraju?**	shtah sveerahyoo
Who's the conductor?	**Ko je dirigent?**	ko yeh deereegehnt

Possible answers

Žao mi je, sve je rasprodano.	I'm sorry, we're sold out.
Imamo još nekoliko slobodnih mesta na balkonu levo.	There are only a few seats in the circle (balcony) left.
Vaše karte molim.	Your ticket, please.
Ovo je Vaše mesto.	This is your seat.

Note: Usherettes are not tipped in Yugoslavia.

Nightclubs – Discotheques

The late-sleeping tourist will have no cause for complaint. He can find sophisticated nightclubs in some of the bigger luxury hotels, while a fishing village may surprise him with a discotheque full of jostling jitterbugs. Travel agencies operate night cruises aboard floating dance palaces plying the Adriatic.

The sign *Bar* indicates a nightclub (bars are called *bife*).

Can you recommend a good nightclub	**Možete li mi preporučiti dobar bar?**	mozhehteh lee mee prehporoocheetee dobahr bahr
Is there a floor show?	**Da li ima program?**	dah lee eemah programh
What time does the floor show begin?	**Kad počinje program?**	kahd pocheeñeh programh
Is evening dress necessary?	**Da li je večernje odelo neophodno?**	dah lee yeh vehchehrñeh odehlo nehophodno

And once inside...

A table for two, please.	**Sto za dvoje, molim.**	sto zah dvoyeh moleem
My name is... I reserved a table for four.	**Ja se zovem... Rezervisao sam sto za četiri osobe.**	yah seh zovehm... rehzehrveesaho sahm sto zah chehteeree osobeh
I telephoned you earlier.	**Telefonirao sam Vam ranije.**	tehlehfoneeraho sahm vahm rahneeyeh
We haven't got a reservation.	**Mi nemamo rezervaciju.**	mee nehmahmo rehzehrvahtseeyoo

Dancing

Where can we go dancing?	**Gde možemo da idemo na ples?**	gdeh **mozh**ehmo dah **ee**dehmo nah **plehs**
Is there a dance hall anywhere here?	**Da li ovde negde ima diskoteka?**	dah lee **ov**deh **nehg**deh **ee**mah deesko**teh**kah
There is a ball at the...	**U...je bal.**	oo...yeh bahl
Would you like to dance?	**Da li biste hteli da plešete?**	dah lee **bees**teh **hteh**lee dah **plehsh**ehteh
May I have this dance?	**Smem li Vas moliti za ovaj ples?**	smehm lee vahs **mo**leetee zah **o**vahy plehs

Do you happen to play...?

On rainy days, this page may solve your problems...

Do you happen to play chess?	**Da li možda igrate šah?**	dah lee **mozh**dah **ee**grahteh shah
I'm afraid I don't.	**Nažalost ne.**	**nah**zhahlost neh
Yes, I'd like a game.	**Da. Rado bih odigrao jednu partiju.**	dah. **rah**do beeh o**dee**graho **yehd**noo pahr**tee**yoo
No, but I'll give you a game of draughts (checkers).	**Ne, ali mogu da odigram partiju dame.**	neh **ah**lee **mo**goo dah o**dee**grahm pahr**tee**yoo **dah**meh
king	**kralj**	krahlʸ
queen	**kraljica [dama]**	krahlʸ**eet**sah [**dah**mah]
castle (rock)	**top [kula]**	top [**koo**lah]
bishop	**lovac**	**lo**vahts
knight	**konj [skakač]**	koñ [**skah**kahch]
pawn	**pion [pešak]**	**pee**on [**peh**shahk]
Checkmate!	**Šahmat!**	shah**maht**
Do you play cards?	**Da li igrate karte?**	dah lee **ee**grahteh **kahr**teh
bridge	**bridž**	breej
whist	**vist**	veest
poker	**poker**	**po**kehr

spades	**pik**	peek
hearts	**herc**	hehrts
diamonds	**karo**	kahro
clubs	**tref**	trehf

ace	**as**	ahs
king	**kralj**	krahl^y
queen	**kraljica [dama]**	krahl^yeetsah [dahmah]
jack	**pub**	poob
joker	**džoker**	jokehr

People don't generally play cards in Yugoslavian pubs. Chess is more common, as well as dominoes and draughts. Slot machines and other mechanical games may be encountered, but not often. You may want to say:

What are you playing?	**Šta igrate?**	shtah eegrahteh

Casino

You'll find a casino at some major resorts and larger cities in Yugoslavia. Most stay open all year, but the normal season, particularly at the seaside, runs from late spring until October. To get into a casino, you'll need your passport. You must also have a "clean record" in the gambling world. For your part, you need have no doubts about the honesty of the game. All legitimate casinos are strictly controlled and regularly inspected. Casinos are anxious to avoid any risk of scandal or adverse public relations.

The language of the casino is mostly English, French or German. The croupiers will know enough of these languages for your requirements.

Sports

A list of popular sports in Yugoslavia would include football (soccer), basketball, handball (European style), winter sports and all water sports. Tennis isn't a major sport in Yugoslavia but courts do exist at certain hotels as well as tennis clubs.

Is there a football (soccer) match anywhere this Saturday?	Da li negde ima fudbalska utakmica ove subote?	dah lee **neh**gdeh **ee**mah **food**bahlskah **oo**tahkmeetsah **oh**veh **soo**boteh
Who's playing?	Ko igra?	ko **ee**grah
I'd like to see a boxing match.	Želim da vidim jedan boks meč.	zheh**leem** dah **vee**deem **yeh**dahn boks mehch
Can you get me a couple of tickets?	Možete li mi nabaviti dve karte?	**moz**hehteh mee nah**bah**veetee dveh **kahr**teh
Where's the nearest golf course?	Gde je najbliže igralište za golf?	gdeh yeh **nahy**bleezheh **ee**grahleeshteh zah golf
Can we hire (rent) clubs?	Možemo li unajmiti štapove za golf?	**moz**hehmo lee oonah**hy**meetee **shtah**poveh zah golf
Where are the tennis courts?	Gde su teniska igrališta?	gdeh soo **teh**neeskah **ee**grahleeshtah
What's the charge per...?	Koliko košta na...?	ko**lee**ko **kosh**tah nah
hour/day/round	sat/dan/partiju	saht/dahn/**pahr**teeyoo
Where's the nearest race course (racetrack)?	Gde je najbliže trkalište?	gdeh yeh **nahy**bleezheh **ter**kahleeshteh
What's the admission charge?	Koliko košta ulaz?	ko**lee**ko **kosh**tah **oo**lahz
Is there a swimming pool here?	Ima li ovde bazen za plivanje?	**ee**mah lee **ov**deh **bah**zehn zah **plee**vahñeh
Is it open-air or indoor?	Da li je otvoren ili zatvoren?	dah lee yeh **ot**vorehn **ee**lee **zaht**vorehn
Is it heated?	Da li se greje?	dah lee seh **greh**yeh
Can one swim in the lake?	Da li se može plivati u jezeru?	dah lee seh **moz**heh **plee**vahtee oo **yeh**zehroo

Fishing

Getting a short-term fishing permit is fairly simple in Yugoslavia. The best thing to do is to ask for information from the local harbour authorities or at an information office because the regulations vary from one place to another.

Is there any good fishing around here?	**Da li ovde negde ima neko dobro mesto za pecanje?**	dah lee **ovdeh nehgdeh eemah nehko dobro mehsto** zah **pehtsahñeh**
Do I need a permit?	**Da li mi treba dozvola?**	dah lee mee **trehbah dozvolah**
Where can I get one?	**Gde je mogu dobiti?**	gdeh yeh **mogoo dobeetee**

Hunting

Is the hunting season open?	**Da li je sezona lova otvorena?**	dah lee yeh **sehzonah lovah otvorehnnah**
I'd like to hire a horse and riding equipment.	**Hteo bih da unajmim konja i jahaću opremu.**	**hteho** beeh dah **oonahymeem koñah** ee **yahhahchoo oprehmoo**
big game	**krupna divljač**	**kroopnah deevl^yanch**
fox	**lisica**	**leeseetsah**
bear	**medved**	**mehdvehd**
deer	**jelen**	**yehlehn**
wild duck	**divlje patke**	**deevl^yeh pahtkeh**
boar	**vepar**	**vehpahr**

On the beach

Is it safe for swimming?	**Da li je bezbedno za plivanje?**	dah lee yeh **behzbehdno** zah **pleevahñeh**
Is there a lifeguard?	**Da li ima spasilačka služba?**	dah lee **eemah spahseelahchkah sloozhbah**
Is it safe for children?	**Da li je bezbedno za decu?**	dah lee yeh **behzbehdno** zah **dehtsoo**
No, not today. The red flag's up.*	**Ne, danas nije. Crvena zastava je dignuta.**	neh **dahnahs neeyeh. tservehnah zahstahvah** yeh **deegnootah**

* A red flag or some other signal is flown when the sea is considered dangerous.

Are there any dangerous currents?	Da li ima opasnih struja?	dah lee **ee**mah **o**pahsneeh str**oo**yah
What's the temperature of the water?	Kakva je temperatura vode?	k**ah**kvah yeh tehmpehr**ah**toorah v**o**deh
I want to hire a/an/some...	Hteo (Htela*) bih da unajmim...	ht**e**ho (ht**eh**lah) beeh dah oon**ah**ymeem
air mattress	dušek za vodu	d**oo**shehk zah v**o**doo
bathing hut (cabana)	kabinu	kah**bee**noo
deck chair	ligeštul	l**ee**gehshtool
skin-diving equipment	opremu za ronjenje	**o**prehmoo zah r**o**ñehñeh
sunshade	suncobran	s**oo**ntsobrahn
water skis	skije za vodu	sk**ee**yeh zah v**o**doo
Where can I rent a canoe?	Gde mogu da unajmim čamac?	gdeh m**o**goo dah oon**ah**ymeem ch**ah**mahts
motor boat	motorni čamac	m**o**tornee ch**ah**mahts
rowing boat	čamac na vesla	ch**ah**mahts nah v**eh**slah
sailing boat	jedrilicu	yehdr**ee**leetsoo
paddle boat	čamac sa pedalama	ch**ah**mahts sah peh**dah**lahmah
What's the charge?	Koliko košta?	k**o**leeko k**o**shtah

PRIVATNA PLAŽA	KUPANJE ZABRANJENO
PRIVATE BEACH	NO BATHING

I'd like to go to a skating rink.	Hteo bih da idem na klizalište.	ht**e**ho beeh dah **ee**dehm nah kleez**ah**leeshteh
Is there one near here?	Da li ima neko ovde u blizini?	dah lee **ee**mah n**eh**ko **o**vdeh oo blee**zee**nee
What are the skiing conditions like at...?	Kakvi su uslovi za skijanje u...?	k**ah**kvee soo **oo**slovee zah sk**ee**yahñeh oo
Can I take skiing lessons there?	Mogu li tamo da uzimam časove skijanja?	m**o**goo lee t**ah**mo dah oo**zee**mahm ch**ah**soveh sk**ee**yahñah
Is there a ski lift?	Da li ima uspinjača?	dah lee **ee**mah oospee**ñah**chah
I want to rent some skates/skiing equipment.	Hteo bih da unajmim klizaljke/skijašku opremu.	ht**e**ho beeh dah oon**ah**ymeem kleez**ah**lʲkeh/sk**ee**yahshkoo **o**prehmoo

* Feminine. See grammar.

Camping – Countryside

In many parts of Yugoslavia, camping isn't allowed without a permit. There are plenty of authorized camping sites, some with very good facilities.

If you want to be on the safe side, choose a site recognized by the AMSJ *(Auto Moto Savez Jugoslavije)*. There are quite a few of them, particularly on the coast and in large cities.
If you want to camp on private land, get permission from the owner first.

Can we camp here?	**Možemo li ovde kampovati?**	mozhehmo lee ovdeh kahmpovahtee
Is there a camping site near here?	**Da li ima kamp u blizini?**	dah lee eemah kahmp oo bleezeenee
May we camp in your field?	**Možemo li kampovati na Vašem polju?**	mozhehmo lee kahmpovahtee nah vahshem pol^yoo
Can we park our caravan (trailer) here?	**Možemo li ovde parkirati našu prikolicu?**	mozhehmo lee ovdeh pahr**kee**rahtee **nah**shoo pree**ko**leetsoo
Is this an official camping site?	**Da li je ovo javni kamping?**	dah lee yeh ovo **yahv**nee **kahm**peeng
May we light a fire?	**Možemo li naložiti vatru?**	mozhehmo lee nah**lo**zheetee **vah**troo
Is there drinking water?	**Ima li vode za piće?**	eemah lee vodeh zah peecheh
What are the facilities?	**Kako je kamp opremljen?**	**kah**ko yeh kahmp oprehml^yehn
Are there shopping facilities on the site?	**Da li ima prodavnica u kampu?**	dah lee eemah prodahv-neetsah oo **kahm**poo
Are there…?	**Ima li…?**	eemah lee
baths/showers/ toilets	**kupatila/tuševa/ toaleta**	koopah**tee**lah/**too**shehvah/ toah**leh**tah

Note: If you are a member of an international association of campers, you can get considerable discounts in AMSJ camps.

What's the charge...?	**Koliko košta...?**	koleeko koshtah
per day	**na dan**	nah dahn
per night	**za jednu noć**	zah yehdnoo noch
per person	**po osobi**	po osobee
for a car	**za kola**	zah kolah
for a tent	**za šator**	zah shahtor
for a caravan (trailer)	**za prikolicu**	zah preekoleetsoo

KAMPOVANJE ZABRANJENO	**PRIKOLICE NICU DOZVOLJENE**
CAMPING PROHIBITED	NO CARAVANS (TRAILERS)

How far is it to...?	**Koliko ima do...?**	koleeko eemah do
Are we on the right road for...?	**Da li smo na pravom putu za...?**	dah lee smo nah prahvom pootoo zah
Where does this road lead to?	**Kuda vodi ovaj put?**	koodah vodee ovahy poot
Can you show us on the map where we are?	**Možete li nam pokazati na karti gde se nalazimo?**	mozhehteh lee nahm pokahzahtee nah kahrtee gdeh seh nahlahzeemo
Is there a youth hostel anywhere near here?	**Ima li negde ovde blizu omladinsko letovalište?**	eemah lee nehgdeh ovdeh bleezoo omlahdeensko lehtovahleeshteh
Is there any inexpensive accommodation near here?	**Ima li ovde neki jeftin smeštaj?**	eemah lee ovdeh nehkee yehfteenee smehshtahy
Do you know anyone who can put us up for the night?	**Da li znate nekog ko bi nas mogao smestiti preko noći?**	dah lee znahteh nehkog ko bee nahs mogaho smehsteetee prehko nochee

Landmarks

barn	**žitnica [ambar]**	zheetneetsah [ahmbahr]
bridge	**most**	most
building	**zgrada**	zgrahdah
canal	**kanal**	kahnahl
brook	**potok**	potok
church	**crkva**	tserkvah
cliff	**klif**	kleef
cornfield	**polje sa žitom**	polʸeh sah zheetom
cottage	**koliba**	koleebah
farm	**seosko imanje**	sehosko eemahñeh
field	**polje**	polʸeh

footpath	**staza**	**stah**zah
forest	**šuma**	**shoo**mah
hamlet	**zaseok**	**zah**sehok
heath	**pustara**	poo**stah**rah
hill	**brežuljak**	brehzhool'ahk
house	**kuća**	**koo**chah
inn	**gostionica**	gosteeo**neet**sah
lake	**jezero**	**yeh**zehro
marsh	**močvara**	**moch**vahrah
mountain	**planina**	plah**nee**nah
path	**staza**	**stah**zah
plantation	**plantaža**	plahn**tah**zhah
pond	**ribnjak**	**reeb**ñahk
river	**reka**	**reh**kah
road	**put** [**cesta**]	poot [**tseh**stah]
spring	**izvor**	**eez**vor
stream	**rečica** [**potok**]	reh**cheet**sah [**pot**ok]
swamp	**močvara**	**moch**vahrah
track	**staza**	**stah**zah
tree	**stablo**	**stah**blo
valley	**dolina**	do**lee**nah
village	**selo**	**seh**lo
vineyard	**vinograd**	**vee**nograhd
waterfall	**vodopad**	**vo**dopahd
well	**bunar** [**izvor**]	**boo**nahr [**eez**vor]
wood	**šuma**	**shoo**mah

> **ZABRANJEN PROLAZ**
> NO TRESPASSERS

What's the name of that river?	**Kako se zove ta reka?**	**kah**ko seh **zo**veh tah **reh**kah
How high are those hills?	**Koliko su visoki oni bregovi?**	ko**lee**ko soo **vee**sokee **o**nee **breh**govee
Is there a scenic route to...?	**Ima li lep put do...?**	**ee**mah lee lehp poot do

And if you're tired of walking, you can always try hitch-hiking (*ići autostopom*–**ee**chee **ah**ootostopom), though you may have to wait a long time for a lift.

Can you give me a lift to...?	**Možete li me povesti do...?**	**mo**zhehteh lee meh po**veh**stee do

Making friends

You'll find it easy to start up a conversation with Yugoslavs, particularly when they learn you're a foreigner. As a matter of fact, they'll probably start the conversation first. Yugoslavs are accustomed to meeting foreigners and eager to help them. You'll find them hospitable as well as curious about your country.

Introductions

How do you do?	**Dobar dan.**	dobahr dahn
How are you?	**Kako ste?**	kahko steh
Fine, thanks. And you.	**Hvala dobro. A Vi?**	hvahlah dobro. ah vee
May I introduce Miss Philips?	**Dozvolite da Vam predstavim gospodjicu Philips.**	dozvoleeteh dah vahm prehdstahveem gospojeetsoo Philips
I'd like you to meet a friend of mine.	**Hteo bih Vam predstaviti svoga prijatelja.**	hteho beeh vahm prehdstahveetee svogah preeyahtehl'ah
John, this is...	**John, ovo je...**	John ovo yeh
My name's...	**Ja se zovem...**	yah seh zovehm
Delighted to meet you/Glad to know you.	**Drago mi je da sam Vas upoznao.**	drahgo mee yeh dah sahm vahs oopoznaho

Follow-up

How long have you been here?	**Koliko dugo ste ovde?**	koleeko doogo steh ovdeh
We've been here about a week.	**Ovde smo oko nedelju dana.**	ovdeh smo oko nehdehl'oo dahnah
Is this your first visit?	**Da li ste ovde prvi put?**	dah lee steh ovdeh pervee poot

No, we came here last year.	Ne, bili smo ovde prošle godine.	neh **beelee** smo **ov**deh **prosh**leh **go**deeneh
Are you enjoying your stay?	Da li Vam se ovde dopada?	dah lee vahm seh **ov**deh **do**pahdah
Yes, I like...very much.	Da,...mi se dopada vrlo mnogo.	dah...mee seh **do**pahdah **ver**lo **mno**go
Are you on your own?	Da li ste sami?	dah lee steh **sah**mee
I'm with...	Ja sam sa...	yah sahm sah
my wife	svojom suprugom	**svo**yom **soo**proogom
my family	svojom porodicom	**svo**yom **po**rodeetsom
my parents	svojim roditeljima	**svo**yeem rodeeteh**l'**eemah
some friends	nekim prijateljima	**neh**keem preeyahteh**l'**eemah
Where do you come from?	Odakle ste?	**odah**kleh steh
What part of Yugoslavia do you come from?	Iz koga dela Jugoslavije ste?	eez **ko**gah **deh**lah yoogo**slah**veeyeh steh
I'm from...	Ja sam iz...	yah sahm eez
Do you live here?	Da li ovde živite?	dah lee **ov**deh **zhee**veeteh
I'm a student.	Ja sam student/ studentkinja.	yah sahm **stoo**dehnt/ **stoo**dehntkeeñah
What are you studying?	Šta studirate?	shtah stoo**dee**rahteh
We're here on holiday.	Ovde smo na odmoru.	**ov**deh smo nah **od**moroo
I'm here on a business trip.	Ovde sam poslovno.	**ov**deh sam **pos**lovno
What kind of business are you in?	U kojoj ste struci?	oo **ko**yoy steh **stroot**see
I hope we'll see you again soon.	Nadam se da ćemo se uskoro opet videti.	**nah**dahm seh dah **cheh**mo seh **oos**koro **o**peht **vee**dehtee
See you later/ tomorrow.	Videćemo se kasnije/sutra.	vee**deh**chehmo seh **kahs**neeyeh/**soo**trah
I'm sure we'll run into each other again some time.	Sigurno ćemo se jedanput opet sresti.	see**goor**no **cheh**mo seh yeh**dahn**poot **o**peht **sreh**stee

MAKING FRIENDS

Invitations

My wife and I would like you to dine with us on...	Moja žena i ja bismo želeli da Vas pozovemo na večeru u...	moyah zhehnah ee yah beesmo zhehlchlee dah vahs pozovehmo nah vehchehroo oo
We're giving a small party tomorrow night. I do hope you can come.	Sutra uveče nam dolazi malo društvo. Nadam se da možete doći.	sootrah oovehcheh nahm dolahzee mahlo drooshtvo. nahdahm seh dah mozhehteh dochee
Can you come round for cocktails this evening?	Možete li doći večeras na koktel?	mozhehteh lee dochee vehchehrahs nah koktehl
There's a party. Are you coming?	Ima jedna zabava. Hoćete li doći?	eemah yehdnah zahbahvah. hochehteh lee dochee
That's very kind of you.	To je vrlo ljubazno od Vas.	to yeh verlo l'oobahzno od vahs
I'd love to come.	Rado bih došao (došla*).	rahdo beeh doshaho (doshlah)
What time shall we come?	Kad treba da dodjemo?	kahd trehbah dah dojehmo
Can I bring a friend/girl friend?	Mogu li da dovedem jednog prijatelja/prijateljicu?	mogoo lee dah dovehdehm yehdnog preeyahtehl'ah/preeyahtehl'eetsoo
There's no need to dress, is there?	Nije potrebno da se specijalno obučem, zar ne?	neeyeh potrehbno dah seh spehtseeyahlno oboochehm, zahr neh
Thank you very much for an enjoyable evening.	Hvala Vam, bilo je prijatno veče.	hvahlah vahm beelo yeh preeyahtno vehcheh
I'm afraid we've got to go now.	Nažalost sad moramo da idemo.	nahzhahlost sahd morahmo dah eedehmo
Next time you must come to us.	Sledeći put Vi morate doći kod nas.	slehdehchee poot vee morahteh dochee kod nahs
Thanks for the party. It was great.	Hvala Vam na društvu. Bilo je divno.	hvahlah vahm nah drooshtvoo. beelo yeh deevno

* Feminine. See grammar.

The weather

They talk about the weather just as much in Yugoslavia as the British are supposed to do. So…

What a lovely day!	**Kakav divan dan!**	**kah**kahv **dee**vahn dahn
What awful weather for this time of year!	**Kakvo strašno vreme za ovo doba godine!**	**kah**kvo **strah**shno **vreh**meh zah ovo **do**bah **go**deeneh
Isn't it cold today?	**Danas je hladno, zar ne?**	**dah**nahs yeh **hlah**dno zahr neh
Isn't it hot today?	**Danas je toplo, zar ne?**	**dah**nahs yeh **to**plo zahr neh
Is it usually as warm as this?	**Da li je obično ovako toplo kao danas?**	dah lee yeh o**beech**no o**vah**ko **to**plo **kah**o **dah**nahs
It's very foggy, isn't it?	**Vrlo je maglovito, zar ne?**	**ver**lo yeh mah**glo**veeto zahr neh
What's the temperature outside?	**Kakva je temperatura napolju?**	**kah**kvah yeh tehmpehrah**too**rah nah**pol**yoo

Dating

Would you like a cigarette?	**Želite li cigaretu?**	**zheh**leeteh lee tseegah**reh**too
Have you got a light, please?	**Imate li šibice?**	ee**mah**teh lee **shee**beetseh
Can I get you a drink?	**Da li bih Vam mogao doneti neko piće?**	dah lee beeh vahm **mo**gaho **do**nehteh **neh**ko **pee**cheh
Excuse me, could you help me?	**Izvinite, da li biste mi mogli pomoći?**	eez**vee**neeteh dah lee **bee**steh mee **mo**glee po**mo**chee
I'm lost. Can you show me the way to…?	**Zalutao sam. Možete li mi pokazati put za…?**	zah**loo**taho sahm **mo**zhehteh mee po**kah**zahtee poot zah
Are you waiting for someone?	**Da li čekate nekoga?**	dah lee **cheh**kahteh **neh**kogah

MAKING FRIENDS

MAKING FRIENDS

Are you free this evening?	Da li ste slobodni večeras?	dah lee steh **slob**odnee veh**cheh**rahs
Would you like to come out with me tonight?	Da li biste hteli da izadjete sa mnom večeras?	dah lee **bee**steh **hteh**lee dah eezah**jeh**teh sah mnom veh**cheh**rahs
Would you like to go dancing?	Da li biste išli na ples?	dah lee **bee**steh **eesh**lee nah plehs
I know a good discotheque.	Znam jednu dobru diskoteku.	znahm **yehd**noo **dob**roo deesko**teh**koo
Shall we go to the cinema (movies)?	Mogli bismo ići u kino.	**mog**lee **bees**mo **ee**chee oo **kee**no
Would you like to go for a drive?	Da li biste hteli da se provozamo kolima?	dah lee **bee**steh **hteh**lee dah seh provo**zah**mo **ko**leemah
I'd love to, thank you.	Hvala lepo, volela bih (voleo bih*).	**hvah**lah **leh**po, vo**leh**lah beeh (**vo**leho beeh)
Where shall we meet?	Gde ćemo se naći?	gdeh **cheh**mo seh **nah**chee
What time shall I meet you?	Kad ću Vas videti?	kahd choo vahs **vee**dehtee
I'll pick you up at the hotel.	Doći ću po Vas u hotel.	**do**chee choo po vahs oo **ho**tehl
I'll call for you at eight.	Doći ću po Vas u osam sati.	**do**chee choo po vahs oo **o**sahm **sah**tee
May I take you home?	Mogu li Vas otpratiti kući?	**mo**goo lee vahs otprah**tee**tee **koo**chee
Can I see you again tomorrow?	Mogu li Vas videti sutra opet?	**mo**goo lee vahs **vee**dehtee **soo**trah **o**peht
Thank you, it's been a wonderful evening.	Hvala Vam, bilo je divno veče.	**hvah**lah vahm, **bee**lo yeh **deev**no **veh**cheh
Thanks, it was a fabulous time.	Hvala, bilo je krasno.	**hvah**lah, **bee**lo yeh **krahs**no
What's your telephone number?	Koji je Vaš telefonski broj?	**ko**yee yeh vahsh teh**leh**fonskee broy
Do you have your own apartment?	Da li imate svoj stan?	dah lee **ee**mahteh svoy stahn
Do you live alone?	Da li živite sami?	dah lee **zhee**veeteh **sah**mee
What time is your last train?	Kad ide Vaš poslednji voz [vlak]?	kahd **ee**deh vahsh pos**lehd**ñee voz [vlahk]

* Masculine. See grammar.

Shopping guide

This shopping guide is designed to help you find what you want with ease, accuracy and speed. It features:

1. a list of all major shops, stores and services;
2. some general expressions required when shopping to allow you to be specific and selective;
3. full details of the shops and services most likely to concern you. Here you'll find advice, alphabetical lists of items and conversion charts listed under the headings below.

	Main items	Page
Bookshop	books, magazines, newspapers, stationery	104
Camping	camping equipment	106
Chemist's (Pharmacy)	medicine, first-aid, cosmetics, toiletry	108
Clothing	clothes, shoes	112
Electrical appliances	radios, tape-recorders, etc., and records	119
Hairdresser's	barber's, ladies' hairdresser's, beauty parlour	121
Jeweller's	jewellery, watches	123
Laundry/ dry cleaning	usual facilities	126
Photography	cameras, films, developing	127
Provisions	this is confined to basic items required for picnics	129
Souvenirs	souvenirs and gifts to take home	131
Tobacconist's	smokers' requisites	132

Advice

If you have a pretty clear idea of what you want before you set out, do a little homework first. Look under the appropriate heading, pick out the article and find a suitable description for it (colour, material, etc.). If you just happen to wander into a shop, turn to the appropriate heading and tackle the conversation step by step, as shown.

Shops in Yugoslavia usually open around 8 a.m., some at 9. They close at 7 or 8 p.m. Some close for lunch at noon and open at 4 p.m. A lot of shops are open non-stop from 8 a.m. to 8 p.m. Some food shops are open on Sundays from 7 a.m. until 10 a.m. All shops are open on Saturdays until 3 p.m. and some even until 8 p.m.

Shops, stores and services

Where's the nearest...?	**Gde je najbliža...?**	gdeh yeh **nahy**bleezhah
antique shop	**radnja sa starinama**	rahdñah sah stahr**ee**nahmah
art gallery	**umetnička galerija**	oomehtneechkah gahl**eh**reeyah
baker's	**pekara**	peh**k**ahrah
bank	**banka**	**bahn**kah
barber's	**berberin**	behr**behr**een
beauty parlour	**kozmetički salon**	kozmehteechkee sahlon
bookshop	**knjižara**	kñ**ee**ezhahrah
butcher's	**mesarnica**	meh**sahr**neetsah
cable office	**pošta**	**posh**tah
camera store	**radnja sa foto materijalom**	rahdñah sah foto mahteh**ree**yahlom
candy store	**radnja sa slatkišima**	rahdñah sah slaht**kee**sheemah
chemist's	**drogerija**	drog**eh**reeyah
cigar store	**trafika**	trah**feek**ah
confectionery	**poslastičarnica**	poslah**stee**chahrneetsah
dairy	**mlečni restoran [mlekara]**	**mleh**chnee reh**stor**ahn [**mleh**kahrah]
delicatessen	**delikatesna radnja**	dehleekah**teh**snah rahdñah
dentist	**zubni lekar**	**zoob**nee **leh**kahr
department store	**robna kuća**	**rob**nah **koo**chah
doctor	**lekar/doktor**	**leh**kahr/**dok**tor
dressmaker's	**krojačica**	kroy**ah**cheetsah
dry cleaner's	**hemijska čistiona**	heh**mee**yskah cheestee**on**ah

English	Serbo-Croatian	Pronunciation
filling station	benzinska stanica	behnzeenskah stahneetsah
fishmonger	radnja sa ribom [ribarnica]	rahdñah sah reebom [reebahrneetsah]
florist's	cvećarnica	tsvehchahrneetsah
furrier's	krznar	kerznahr
garage	garaža	gahrahzhah
greengrocer's	piljarnica	peelyahrneetsah
hairdresser's (ladies)	frizer	freezehr
hardware store	gvožđarska radnja	gvozhjahrskah rahdñah
hat shop	radnja sa šeširima	rahdñah sah shehsheereemah
hospital	bolnica	bolneetsah
launderette (laundromat)	automatska perionica veša	ahootomahtskah pehreeoneetsah vehshah
laundry	vešernica	vehshehrneetsah
liquor store (off-licence)	radnja sa alkoholnim pićem	rahdñah sah ahlkoholneem peechehm
milliner's	modiskinja	modeeskeeñah
newsstand	kiosk sa novinama	keeosk sah noveenahmah
optician	optičar	opteechahr
pastry shop	poslastičarnica	poslahsteechahrneetsah
pawnbroker's	zalagaonica	zahlahgahoneetsah
pharmacy	apoteka	ahpotehkah
photographer's (studio)	fotograf	fotograhf
photo store	radnja sa foto materijalom	rahdñah sah foto mahtehreeyahlom
police station	milicijska stanica	meeleetseeyskah stahneetsah
post office	pošta	poshtah
shoemaker's (repairs)	obućar [postolar]	oboochahr [postolahr]
shoe shop	prodavnica cipela	prodahvneetsah tseepehlah
souvenir shop	prodavnica suvenira	prodahvneetsah soovehneerah
sporting goods store	prodavnica sportske opreme	prodahvneetsah sportskeh oprehmeh
stationer's	papirnica	pahpeerneetsah
supermarket	samoposluga	sahmoposloogah
tailor's	krojač	kroyahch
tobacconist's	trafika	trahfeekah
toy shop	radnja sa igračkama	rahdñah sah eegrahchkahmah
travel agent	turistička agencija	tooreesteechkah ahgehntseeyah
watchmaker's	časovničar [urar]	chahsovneechahr [oorahr]
wine merchant's	prodavnica vina	prodahvneetsah veenah

RASPRODAJA SALE

General expressions

Here are some expressions which will be useful to you when you're out shopping:

Where?

Where's the nearest...?	**Gde je najbliži...?**	gdeh yeh **nahy**bleezhee
Where's a good...?	**Gde je dobar/dobra...?**	gdeh yeh **do**bahr/**do**brah
Where can I get...?	**Gde mogu da dobijem...?**	gdeh **mo**goo dah **do**beeyehm
Can you recommend an inexpensive...?	**Možete li mi preporučiti jeftin...**	**mo**zhehteh lee mee prehporoo**chee**tee **yehf**teen
Where's the main shopping area?	**Gde je glavni trgovački centar?**	gdeh yeh **glahv**nee **ter**govahchkee **tsehn**tahr
How far is it from here?	**Koliko je daleko odavde?**	ko**lee**ko yeh **dah**lehko **odahv**deh
How do I get there?	**Kako mogu da dodjem tamo?**	**kah**ko **mo**goo dah **do**dyehm **tah**mo

Service

Can you help me?	**Možete li mi pomoći?**	**mo**zhehteh lee mee **po**mochee
I'm just looking around.	**Samo razgledam.**	**sah**mo rahz**gleh**dahm
I'd like...	**Želim...**	**zheh**leem
Have you any...?	**Imate li...?**	**ee**mahteh lee

That one

Can you show me...?	**Možete li mi pokazati...?**	**mo**zhehteh lee mee po**kah**zahtee
that/those	**onaj/one**	**o**nahy/**o**neh
the one in the window	**onaj u izlogu**	**o**nahy oo **eez**logoo
It's over there.	**Tamo preko se nalazi.**	**tah**mo **preh**ko seh **nah**lahzee

Defining the article

I'd like a...one.	**Želim jedan/jednu/ jedno...**	zhehleem yehdahn/yehdnoo yehdno
big	**veliki**	vehleekee
cheap	**jeftini**	yehfteenee
dark	**tamni**	tahmnee
good	**dobar**	dobahr
heavy	**teški**	tehshkee
large	**veliki**	vehleekee
light (weight)	**lagani**	lahgahnee
light (colour)	**svetli**	svehtlee
oval	**ovalni**	ovahlnee
rectangular	**pravougaoni**	prahvoooogahonee
round	**okrugli**	okrooglee
small	**mali**	mahlee
square	**četvrtasti**	chehtvertahstee
I don't want anything too expensive.	**Ne želim ništa suviše skupo.**	neh zhehleem neeshtah sooveesheh skoopo

Preference

I prefer something of better quality.	**Više bih voleo (volela*) nešto boljeg kvaliteta.**	veesheh beeh voleho (volehlah) nehshto bol^yehg kvahleetehtah
Can you show me some more?	**Možete li mi pokazati još nešto?**	mozhehteh lee mee pokahzahtee yosh nehshto
Haven't you anything...?	**Imate li nešto...?**	eemahteh lee nehshto
cheaper/better	**jeftinije/bolje**	yehfteeneeyeh/bol^yeh
larger/smaller	**veće/manje**	vehcheh/mahñeh

How much?

How much is this?	**Koliko košta ovo?**	koleeko koshtah ovo
I don't understand. Please write it down.	**Ja ne razumem. Molim Vas napišite mi to.**	yah neh rahzoomehm. moleem vahs nahpeesheetee mee to
I don't want to spend more than...	**Ne želim potrošiti više od...**	neh zhehleem potrosheetee veesheh od

* Feminine. See grammar.

FOR COLOURS, see page 112

Decision

That's just what I want.	**To je baš što mi treba.**	to yeh bahsh shto mee **treh**bah
No, I don't like it.	**Ne, ne dopada mi se.**	neh neh **do**pahdah mee seh
I'll take it.	**Uzeću ovo.**	**oo**zehchoo ovo

Ordering

Can you order it for me?	**Možete li mi ovo poručiti?**	**mo**zhehteh lee mee ovo po**roo**cheetee
How long will it take?	**Koliko dugo će trebati?**	ko**lee**ko **doo**go cheh **treh**bahtee
I'd like it as soon as possible.	**Želeo (Želela*) bih to što pre.**	**zheh**leho (**zheh**lehlah) beeh to shto preh

Delivery

I'll take it with me.	**Poneću sa sobom.**	po**neh**choo sah **so**bom
Deliver it to the... hotel.	**Pošaljite to u... hotel.**	po**shahl**ʸeeteh to oo...**ho**tehl
Please send it to this address.	**Pošaljite molim Vas na ovu adresu.**	po**shahl**ʸeeteh **mo**leem vahs nah **o**voo ah**dreh**soo
Will I have any difficulty with the customs?	**Da li ću imati teškoća na carini?**	dah lee choo **ee**mahtee teh**shko**chah nah **tsah**reenee

Paying

How much is it?	**Koliko košta?**	ko**lee**ko **ko**shtah
Can I pay by traveller's cheque?	**Mogu li da platim putnim čekovima?**	**mo**goo lee dah **plah**teem **poot**neem chehko**vee**mah
Do you accept credit cards?	**Da li primate kreditne karte?**	dah lee pree**mah**teh kreh**deet**neh **kahr**teh
Haven't you made a mistake in the bill?	**Da niste progrešili u računu?**	dah **nee**steh po**greh**sheelee oo rah**choo**noo
Can I have a receipt, please?	**Mogu li da dobijem račun, molim Vas?**	**mo**goo lee dah **do**beeyehm **rah**choon **mo**leem vahs
Will you wrap it, please?	**Hoćete li mi ovo upakovati?**	**ho**chehteh lee mee ovo oopahko**vah**teh
Have you got a carrier bag?	**Imate li kesu za nošenje?**	ee**mah**teh lee **keh**soo zah no**sheh**ñeh

* Feminine. See Grammar.

Anything else?

No, thanks, that's all.	**Ne hvala to je sve.**	neh hvahlah to yeh sveh
Yes, I want.../ Show me...	**Da. Želim.../ Pokažite mi...**	dah zhehleem.../ pokahzheeteh mee
Thank you. Good-bye.	**Hvala. Dovidjenja.**	hvahlah. doveejehñah

Dissatisfied

Can you change this, please?	**Možete li mi ovo zameniti, molim Vas?**	mozhehteh lee mee ovo zahmehneetee moleem vahs
I want to return this.	**Želim ovo da vratim.**	zhehleem ovo dah vrahteem
I'd like a refund. Here's the receipt.	**Želeo bih da mi vratite novac. Ovo je moj račun.**	zhehleho beeh dah mee vrahteeteh novahts. ovo yeh moy rahchoon

Possible answers

Mogu li Vam pomoći?	Can I help you?
Šta želite?	What would you like?
Koju... bi želeli?	What... would you like?
boju/oblik kvalitet/količinu	colour/shape quality/quantity
Žao mi je, nemamo više.	I'm sorry, we haven't any.
Nemamo više u zalihi.	We're out of stock.
Hoćete li da poručimo za Vas?	Shall we order it for you?
Hoćete li ih poneti ili hoćete da ih pošaljemo?	Will you take it with you or shall we send it?
To je..., molim.	That's..., please.
Kasa je tamo.	The cashier is over there.
Ne primamo...	We don't accept...
kreditne karte	credit cards
putne čekove	traveller's cheques
lične čekove	personal cheques

SHOPPING GUIDE

Bookshop – Stationer's – Newsstand

Bookshops and stationers are generally separate shops in Yugoslavia, although some bookshops may sell magazines and foreign newspapers in particular. Kiosks are found everywhere.

English	Serbo-Croatian	Pronunciation
Where's the nearest...?	Gde je najbliža...?	gdeh yeh nahybleezhah
bookshop	knjižara	kñeezhahrah
stationer's	papirnica	pahpeerneetsah
newsstand	kiosk s novinama	keeosk s noveenahmah
Can you recommend a good bookshop?	Možete li mi preporučiti dobru knjižaru?	mozhehteh lee mee prehporoocheetee dobroo kñeezhahroo
Where can I buy an English newspaper?	Gde mogu kupiti engleske novine?	gdeh mogoo koopeetee ehnglehskeh noveeneh
I want to buy a/an/some...	Želim da kupim...	zhehleem da koopeem
address book	adresar	ahdrehsahr
ball-point pen	hemijsku olovku	hehmeeyskoo olovkoo
book	knjigu	kñeegoo
box of paints	kutiju boja	kooteeyoo boyah
carbon paper	indigo	eendeego
crayons	bojice	boyeetseh
dictionary	rečnik	rehchneek
English-Serbo-Croatian	englesko-srpskohrvatski	ehnglehskoo serpskohervahtskee
Serbo-Croatian-English	srpskohrvatsko-engleski	serpskohervahtskoo ehnglehskee
pocket dictionary	džepni rečnik	jehpnee rehchneek
drawing paper	papir za crtanje	pahpeer zah tsertahneh
drawing pins	rajsnegle	rahysnehgleh
envelopes	koverte	kovehrteh
eraser	gumu za brisanje	goomoo zah breesahñeh
exercise book	svesku [teku]	svehskoo [tehkoo]
file	fascikl	fahsteekl
fountain pen	naliv pero	nahleev pehro
glue	lepilo	lehpeelo
grammar book	gramatiku	grahmahteekoo
guide book	vodič	vodeech
ink	mastilo [tintu]	mahsteelo [teentoo]
black/red/blue	crno/crveno/plavo	tserno/tservehno/plahvo

magazine	časopis	chahsopees
map	geografsku kartu	gehograhfskoo kahrtoo
map of the town	kartu grada	kahrtoo grahdah
road map	kartu puteva	kahrtoo pootehvah
newspaper	novine	noveeneh
American/English	američke/ engleske	ahmehreechkeh/ ehnglehskeh
notebook	beležnicu [blok]	behlehzhneetsoo [blok]
paperback	džepnu knjigu	jehpnoo kñeegoo
paper napkins	salvete od hartije	sahlvehteh od hahrteeyeh
paste	lepak	lehpahk
pen	pero	pehro
pencil	olovku	olovkoo
pencil sharpener	oštrač za olovke	oshtrahch zah olovkeh
playing cards	karte za igranje	kahrteh zah eegrahñeh
postcards	dopisnice	dopeesneetseh
rubber bands	gumice	goomeetseh
ruler	lenjir	lehñeer
sketching block	skicenblok	skeetsehnblok
string	kanap	kahnahpah
thumb tacks	rajsnegle	rahysnehgleh
tissue paper	tanki papir	tahnkee pahpeer
tracing paper	paus papir	pahoos pahpeer
typewriter ribbon	vrpcu za mašinu	verptsoo zah mahsheenoo
typing paper	papir za mašinu	pahpeer zah mahsheenoo
wrapping paper	pakpapir	pahkpahpeerah
writing pad	blok za pisanje	blok zah peesahneh
Where's the guide-book section?	Gde je odelenje sa turističkim vodičima?	gdeh yeh odehlehneh sah tooreesteechkeem vodeecheemah
Where do you keep the English books?	Gde držite engleske knjige?	gdeh derzheeteh ehnglehskeh kñeegeh

Here are some modern authors whose books are available in English translation:

Ivo Andrić
Miodrag Bulatović
Dobrica Ćosić

Miroslav Krleža
Gordana Olujić
Meša Selimović

Camping

Here we are concerned with the equipment you may need.

I'd like a/an/some...	Želeo bih...	zhehleho beeh
axe	sekiru	sehkeeroo
bottle opener	otvarač za flaše	otvahrahch zah flahsheh
bucket	kantu	kahntoo
butane gas	butan gas	bootahn gahs
camp bed	poljski krevet	pol'skee krehveht
camping equipment	opremu za kampovanje	oprehmoo zah kahmpovahñeh
can opener	otvarač za konzerve	otvahrahch zah konzehrveh
candles	sveće	svehcheh
chair	stolicu	stoleetsoo
folding chair	stolicu za sklapanje	stoleetsoo zah sklahpahñeh
compass	kompas	kompahs
corkscrew	vadičep	vahdeechehp
crockery	zemljano sudje	zehml'ahno soojeh
cutlery	jedaći pribor	yehdahchee preebor
deck chair	ligeštul	leegehshtool
first-aid kit	opremu za prvu pomoć	oprehmoo zah pervoo pomoch
fishing tackle	pribor za pecanje	preebor zah pehtsahñeh
flashlight	baterijsku lampu	bahtehreeyskoo lahmpoo
frying pan	tiganj	teegahñ
groundsheet	platno za zemlju	plahtno zah zehml'oo
hammer	čekić	chehkeech
hammock	mrežu za ležanje	mrehzhoo zah lehzhahñeh
ice-bag	frižider za kola	freezheedehr zah kolah
kerosine	petrolej za svetiljke	pehtrolehy zah svehteel'keh
kettle	kotlić	kotleech
knapsack	ranac	rahnahts
lamp	lampu	lahmpoo
lantern	fenjer	fehñehr
matches	šibice	sheebeetseh
mattress	madrac	mahdrahts
methylated spirits	špiritus	shpeereetoos
mosquito net	mrežu protiv komaraca	mrehzhoo proteev komahrahtsah
pail	kofu	kofoo
paraffin	petrolej za svetiljke	pehtrolehy zah svehteel'keh
penknife	džepni nožić	jehpnee nozheech

picnic case	torbu za piknik	torboo zah peekneek
pressure cooker	ekspres lonac na paru	ehksprehs lonahts nah pahroo
primus stove	primus	preemoos
rope	konopac	konopahts
rucksack	ruksak	rooksahk
saucepan	šerpu	shehrpoo
scissors	makaze	mahkahzeh
screwdriver	šrafciger	shrahftseegehr
sleeping bag	vreću za spavanje	vrehchoo zah spahvahñeh
stewpan	tiganj	teegahñ
stove	štednjak	shtehdñahk
table	sto	sto
folding table	sto za sklapanje	sto zah sklahpahñeh
tent	šator	shahtor
tent peg	kuku za šator	kookoo zah shahtor
tent pole	motku za šator	motkoo zah shahtor
thermos flask (bottle)	termos flašu	tehrmos flahshoo
tin opener	otvarač za konzerve	otvahrahch zah konzehrveh
torch	baterijsku lampu	bahtehreeyskoo lahmpoo
vacuum flask	termos	tehrmos
water carrier	putnu flašu za vodu	pootnoo flahshoo zah vodoo
wood alcohol	špiritus	shpeereetoos

Crockery

cups	šoljice	shol^yeetseh
food box	kutija za hranu	kooteeyah zah hrahnoo
mugs	vrčevi	verchehvee
plates	tanjiri	tahñeeree
saucers	tanjirići	tahñeereechee

Cutlery

forks	viljuške	veel^yooshkeh
knives	noževi	nozhehvee
dessert knife	mali noževi	mahlee nozhehvee
spoons	kašike	kahsheekeh
teaspoons	male kašike	mahleh kahsheekeh
(made of) plastic	(od) plastike	(od) plahsteekeh
(made of) stainless steel	(od) nerdjajućeg čelika	(od) neherjahyoochehg chehleekah

SHOPPING GUIDE

Chemist's (pharmacy) – Drugstore

There is a marked distinction in Yugoslavia between an *apoteka* (ahpo**teh**kah) and a *drogerija* (dro**geh**reeyah). In an *apoteka* you'll find both non-prescription medicines and those made up according to a prescription. In a *drogerija* you'll find a great range of toilet articles, cosmetics and the like; sometimes films, too. However, you'll find *drogerija* in large cities only.

In the window of an *apoteka* you'll see a notice telling you where the nearest all-night chemist is. In larger cities, some chemists are open day and night. Their names and addresses can be found in daily newspapers.

For ease of reading, this section has been divided into two parts:
1. Pharmaceutical – medicine, first-aid, etc.
2. Toiletry – toilet articles, cosmetics.

General

Where's the nearest (all-night) chemist?	**Gde je najbliža (dežurna) apoteka?**	gdeh yeh **nahy**bleezhah (deh**zhoor**nah) ahpo**teh**kah
What time does the chemist open?	**Kad se apoteka otvara?**	kahd seh ahpo**teh**kah o**tvah**rah
When does the chemist close?	**Kad se apoteka zatvara?**	kahd seh ahpo**teh**kah **zah**tvahrah

Part 1 – Pharmaceutical

I want something for...	**Trebam nešto protiv...**	**treh**bahm **neh**shto pro**teev**...
a cold/a cough	**prehlade/kašlja**	**preh**hlahdeh/**kah**shlʲah
hay fever	**polenske groznice**	**po**lenskeh groz**neet**seh
a hangover	**mamurluka**	mah**moor**lookah
sunburn	**opekotina od sunca**	opeh**ko**teenah od **soon**tsah
travel sickness	**putne bolesti**	**poot**neh bo**leh**stee
Can you make me up this prescription?	**Možete li mi napraviti lek po ovom receptu?**	**mo**zhehteh lee mee **nah**prahveetee lahk po ovom **reht**sehptoo
Shall I wait?	**Treba li da pričekam?**	**treh**bah lee dah **pree**chehkahm

FOR DOCTOR, see page 162

English	Serbo-Croatian	Pronunciation
When shall I come back?	Kad se mogu vratiti?	kahd seh **mo**goo vrah**tee**tee
Can I get it without a prescription?	Da li ga mogu dobiti bez recepta?	dah lee gah **mo**goo **do**beetee behz reh**tsehp**tah
Can I have /an/some...?	Mogu li da dobijem...?	**mo**goo lee dah **do**beeyehm
antiseptic cream	antiseptičnu mast	ahntee**sehp**teechnoo mahst
bandage	zavoj	**zah**voy
calcium tablets	kalcijum tablete	**kahl**tseeyoom tah**bleh**teh
castor oil	ricinusovo ulje	reetseenoo**so**vo **oo**lʸeh
contraceptives	kontraceptivno sredstvo	kontrahahtsehp**tee**vno **srehd**stvo
corn pads	flaster za žuljeve	**flah**stehr zah **zhool**ʸehveh
cotton wool	vatu	**vah**too
cough lozenges	tablete za kašalj	tah**bleh**teh zah **kah**shahlʸ
diabetic lozenges	pastile za dijabetičare	**pah**steeleh zah deeyah**beh**teechahreh
disinfectant	dezinfekciono sredstvo	dehzeen**fehk**tseeono **srehd**stvo
ear drops	kapi za uvo	**kah**pee zah **oo**vo
elastoplast (band-aid)	hanzaplast	**hahn**zahplahst
eye drops	kapi za oči	**kah**pee zah **o**chee
gargle (mouthwash)	sredstvo za ispiranje usta	**srehd**stvo zah ees**pee**rahñeh **oo**stah
gauze	gazu	**gah**zoo
gauze bandage	zavoj sa gazom	**zah**voy sah **gah**zom
insect repellant	sredstvo protiv insekata	**srehd**stvo **pro**teev een**seh**kahtah
iodine	jod	yod
iron pills/tablets	pilule/tablete gvoždja	**pee**looleh/tah**bleh**teh **gvozh**hjah
laxative	laksativ	**lahk**sahteev
sanitary napkins	mesečne uloške	meh**sehch**neh **oo**loshkeh
sleeping pills	pilule za spavanje	**pee**looleh zah **spah**vahñeh
stomach pills	pilule za stomak	**pee**looleh zah **sto**mahk
tissues	papirne maramice	pah**peer**neh mah**rah**meetseh
throat lozenges	pilule za grlo	**pee**looleh zah **ger**lo
tranquillizers	sredstva za umirenje	**srehd**stvah zah oomee**reh**ñeh
vitamin pills	vitamin-tablete	veetah**meen** tah**bleh**teh

OTROV!	POISON!
SAMO ZA SPOLJNU UPOTREBU	FOR EXTERNAL USE ONLY

Part 2 – Toiletry

Can I have a/an/some...?	**Mogu li da dobijem...?**	mogoo lee dah dobeeyehm
acne cream	**mast za akne**	mahst zah ahkneh
after-shave lotion	**after šeiv losion**	ahftelır sheheev loseeon ..
astringent	**stipsu**	steepsoo
bath salts	**so za kupanje**	so zah koopahñeh
cream	**kremu**	krehmoo
cleansing cream	**kremu za čišćenje lica**	krehmoo zah cheeshchehñ leetsah
cold cream	**hladnu kremu**	hlahdnoo krehmoo
enzyme cream	**enzim kremu**	ehnzeem krehmoo
foundation cream	**podlogu za šminku**	podlogoo zah shmeenkoc
hormone cream	**hormonalnu kremu**	hormonahlnoo krehmoo
moisturizing cream	**vlažnu kremu**	vlahzhnoo krehmoo
night cream	**kremu za noć**	krehmoo zah noch
cuticle remover	**sredstvo za otklanjanje zanoktica**	srehdstvo zah otklahñahñeh zahnokteetsah
deodorant (spray)	**deodorant (sprei)**	dehodorahnt (sprehee)
eau de Cologne	**kolonjsku vodu**	koloñskoo vodoo
emery board	**šmirgl papir**	shmeergl pahpeer
eye liner	**lajner za oči**	lahynehr zah ochee
eye pencil	**krejon za oči**	krehyon zah ochee
eye shadow	**senku za oči**	sehnkoo zah ochee
face pack	**antirid masku**	ahnteereed mahskoo
face powder	**puder za lice**	poodehr zah leetseh
foot cream	**kremu za stopala**	krehmoo zah stopahlah
hand cream	**kremu za ruke**	krehmoo zah rookeh
Kleenex	**klineks**	kleenehks
lipsalve	**pomadu za usne**	pomahdoo zah oosneh
lipstick	**ruž za usne**	roozh zah oosneh
lipstick brush	**četku za ruž**	chehtkoo zah roozh
make-up bag	**kutiju za kozmetiku**	kooteeyoo zah kozmehteekoc
make-up remover pads	**tampone za brisanje lica**	tahmponeh zah breesahñeh leetsah
nail brush	**četku za nokte**	chehtkoo zah nokteh
nail file	**turpiju za nokte**	toorpeeyoo zah nokteh
nail lacquer	**lak**	lahk
nail lacquer remover	**aceton**	ahtsehton
nail scissors	**makaze za nokte**	mahkahzeh zah nokteh
perfume	**parfem**	pahrfehm
cream/spray	**krem/sprei**	krehm/**sprehee**
powder puff	**pufnu za puder**	poofnoo zah poodehr
razor	**aparat za brijanje**	ahpahraht zah breeyahñeh
razor blades	**žilete**	zheelehteh

rouge (cream/powder)	ruž (krem/puder)	roozh (krehm/**poo**dehr)
safety pins	zihernadle	**zee**hehrnahdleh
shampoo	šampon	**sham**pon
shaving brush	četku za brijanje	**cheht**koo zah **bree**yahñeh
shaving cream (brushless)	kremu za brijanje (bez četke)	**kreh**moo zah **bree**yahñeh (behz **cheht**keh)
shaving soap	sapun za brijanje	**sah**poon zah **bree**yahñeh
soap	sapun	**sah**poon
sponge	sundjer [spužva]	**soon**jehr [**spoozh**vah]
sun-tan cream/oil	kremu/ulje za sunčanje	**kreh**moo/**ool**yeh zah **soon**chahñeh
talcum powder	talk	tahlk
toilet bag	torbicu za šminku	**tor**beetsoo zah **shmeen**koo
tooth brush	četkicu za zube	**cheht**keetsoo zah **zoo**beh
toothpaste	pastu za zube	**pah**stoo zah **zoo**beh
wash-off face cleanser	sredstvo za čišćenje lica	**srehd**stvo zah **cheesh**chehñeh **lee**tsah

For your hair

brush	četku [kefu]	**cheht**koo [**keh**foo]
colourant	preliv	**preh**leev
comb	češalj	**cheh**shahl^y
cream	kremu za kosu	**kreh**moo zah **ko**soo
dye	boju za kosu	**bo**yoo zah **ko**soo
grips (bobby pins)	šnale	**shnah**leh
oil	ulje za kosu	**ool**yeh zah **ko**soo
lacquer (spray)	lak za kosu	lahk zah **ko**soo
piece	šinjon	**shee**ñon
pins	šnale	**shnah**leh
rollers	viklere	**vee**klehreh
setting lotion	lak za kosu	lahk zah **ko**soo

For the baby

beaker	bokal	**bo**kahl
bibs	portiklu	**por**teekloo
cream	kremu	**kreh**moo
food	hranu	**hrah**noo
nappies (diapers)	pelene	**peh**lehneh
nappy pins	pribadače za pelenu	pree**bah**dahcheh zah **peh**lehnoo
oil	ulje	**ool**^yeh
oil sheet	gumeni podmetač	**goo**mehnee pod**meh**tahch
powder	puder	**poo**dehr
rubber pants	gumene gaćice	**goo**mehneh **gah**cheetseh

Clothing

If you want to buy something specific, prepare yourself in advance. Look at the list of clothing on page 117. Get some idea of the colour, material and size you want. They're all listed in the next few pages.

General

I'd like...	**Želim...**	zhehleem
I want...for a 10-year-old boy.	**Želim...za 10 godišnjeg dečka.**	zhehleem...zah 10 godeeshñehg dehchkah
I want something like this.	**Želim nešto slično ovom.**	zhehleem nehshto sleechno ovom
I like the one in the window.	**Želim onaj u izlogu.**	zhehleem onahy oo eezlogoo
How much is that per metre?	**Koliko košta jedan metar?**	koleeko koshtah yehdahn mehtahr

```
1 centimetre = 0.39 in.      1 inch = 2.54 cm.
1 metre      = 39.37 in.     1 foot = 30.5 cm.
10 metres    = 32.81 ft.     1 yard = 0.91 m.
```

Colour

I want something in...	**Želim nešto u...**	zhehleem nehshto oo
I want a darker shade.	**Želim tamnije.**	zhehleem tahmneeyeh
I want something to match this.	**Želim nešto što se slaže s ovim.**	zhehleem nehshto shto seh slahzheh s oveem
I don't like the colour.	**Ne svidja mi se boja.**	neh sveejah mee seh boyah

beige	**bež**	behzh
black	**crno**	tserno
blue	**plavo**	plahvc
brown	**braon**	brahon
cream	**krem**	krehm
crimson	**grimizno**	**gree**meezno
emerald	**smaragdno zeleno**	smah**rahg**dno zeh**leh**no
fawn	**svetlo braon**	**sveh**tlo **brah**on
gold	**boja zlata**	**boy**ah **zlah**tah
green	**zeleno**	zeh**leh**no
grey	**sivo**	**see**vo
mauve	**lila**	**lee**lah
orange	**oranž**	o**rahn**zh
pink	**roza**	**ro**zah
red	**crveno**	tser**veh**no
scarlet	**tamno crveno**	**tahm**no tser**veh**no
silver	**srebreno**	sreh**breh**no
tan	**braonkasto**	brahon**kahs**to
white	**belo**	**beh**lo
yellow	**žuto**	**zhoo**to

štrafasto **na tačkice** **karo** **dezenirano**
(shtrahfahsto) (nah tahchkeetseh) (kahro) (dehzehneerahno)

Material

Have you anything in...?	**Imate li nešto u...?**	**ee**mahteh lee **neh**shto oo
Is that made here?	**Da li se to pravi ovde?**	dah lee seh to **prah**vee **ov**deh
hand-made	**ručna izrada**	**rooch**nah eez**rah**dah
ready-made	**gotovo [konfekcija]**	**go**tovo [kon**fehk**tseeyah]
custom-made	**po meri**	po **meh**ree
Have you any better quality?	**Imate li bolji kvalitet?**	**ee**mahteh lee **bol'**ee kvah**lee**teht
I want something thinner.	**Želeo bih nešto tanje.**	**zheh**leo beeh **neh**shto **tah**ñeh

| What's it made of? | **Od čega je to?** | od **cheh**gah yeh to |

It may be made of...

cambric	**batist**	bah**teest**
camel-hair	**kamelher**	**kah**mehlhehr
chiffon	**šifon**	**shee**fon
corduroy	**rebrasti somot**	**rehb**rahstee somot
cotton	**pamuk**	**pah**mook
felt	**filc**	feelts
flannel	**flanel**	**flah**nehl
lace	**čipka**	**cheep**kah
leather	**koža**	**ko**zhah
linen	**platno**	**plaht**no
nylon	**najlon**	**nah**ylon
piqué	**pike**	**pee**keh
rayon	**rejon**	**reh**yon
rubber	**guma**	**goo**mah
satin	**saten**	**sah**tehn
silk	**svila**	**svee**lah
suede	**jelenja koža**	**yeh**lehñah **ko**zhah
towelling	**frotir**	**fro**teer
tulle	**til**	teel
tweed	**twid**	tveed
velvet	**somot**	somot
wool	**vuna**	**voo**nah
synthetic	**sintetika**	seen**teh**teekah
drip-dry (non-iron)	**što se ne pegla**	shto sen neh **pehg**lah
crease-resistant	**što se ne gužva**	shto seh neh **goozh**vah

Size

My size is 38.	**Moja mera je 38.**	**mo**yah **meh**rah yeh 38
Our sizes are different at home. Could you measure me?	**Kod nas su brojevi drukčiji. Možete li me izmeriti?**	kod nahs soo **bro**yehvee **drook**cheeyee. **mo**zhehteh lee meh **eez**mehreetee
I don't know the Yugoslavian measures.	**Ja ne znam jugoslovenske mere.**	yah neh znahm yoogo**slo**vehnskeh **meh**reh

This is your size

Ladies

Dresses/suits						
American	10	12	14	16	18	20
British	32	34	36	38	40	42
Yugoslavian	38	40	42	44	46	48

Stockings							Shoes			
American } British	8	8½	9	9½	10	10½	6	7	8	9
Yugoslavian	0	1	2	3	4	5	36	38	38½	40

Gentlemen

Suits/overcoats							Shirts					
American } British	36	38	40	42	44	46	14	15	15½	16	16½	17
Yugoslavian	46	48	50	52	54	56	36	38	39	41	42	43

Shoes							
American } British	5	6	7	8	9	10	11
Yugoslavian	38	39	41	42	43	44	45

A good fit?

Can I try it on?	**Mogu li da probam?**	mogoo lee dah probahm
Where's the fitting room?	**Gde je soba za probavanje?**	gdeh yeh sobah zah probahvahneh
Is there a mirror?	**Imate li ogledalo?**	eemahteh lee oglehdahlo
Does it fit?	**Da li Vam odgovara?**	dah lee vahm odgovahrah

FOR NUMBERS, see page 175

SHOPPING GUIDE

It fits very well.	**Vrlo dobro mi odgovara.**	verlo dobro mee odgovahrah
It doesn't fit.	**Ne odgovara mi.**	neh odgovahrah mee
It's too...	**Suviše je...**	sooveesheh yeh
short/long	**kratko/dugačko**	krahtkoo/doogahchkoo
tight/loose	**tesno/široko**	tehsnoo/sheerokoo
How long will it take to alter?	**Koliko dugo treba da se to popravi?**	koleeko doogo trehbah dah seh to poprahvee

Shoes

I would like a pair of...	**Želeo bih par...**	zhehlebo beeh pahr
shoes	**cipela**	tseepehlah
sandals	**sandala**	sahndahlah
boots	**čizama**	cheezahmah
These are too...	**Ove su previše...**	oveh soo prehveesheh
narrow/wide	**uske/široke**	ooskeh/sheerokeh
large/small	**velike/male**	vehleekeh/mahlehneh
Do you have a larger size?	**Da li imate veći broj?**	dah lee eemahteh vehchee broy
I want a smaller size.	**Želeo bih manji broj.**	zhehleho beeh mahñee broy
Do you have the same in...?	**Da li imate iste u...**	dah lee eemahteh eesteh oo
brown/beige	**braon/bež**	brahon/behzh
black/white	**crnom/belom**	tsernom/behlom

Shoes worn out? Here's the key to getting them fixed again:

Can you repair these shoes?	**Možete li popraviti ove cipele?**	mozhehteh lee poprahveetee oveh tseepehleh
Can you stitch this?	**Možete li ušiti ovo?**	mozhehteh lee oosheeteh ovo
I want new soles and heels.	**Želeo bih nove djonove i pete.**	zhehleho beeh noveh jonoveh ee pehteh
When will they be ready?	**Kada će biti gotovo?**	kahdah cheh beetee gotovo

Clothes and accessories

I'd like a/an/some…	Želim…	zhehleem
anorak	vindjaknu	veendyahknoo
bathing cap	kapu za kupanje	kahpoo zah koopahñeh
bathrobe	bademantl	bahdehmahntl
bathing costume	kupaći kostim	koopahchee kosteem
bikini	bikini	beekeenee
blazer	bleizer	blehyzehr
blouse	bluzu	bloozoo
(rubber) boots	kaljače	kahl^yahcheh
bra	prslučić	persloocheech
braces (Br.)	tregere	trehgehreh
briefs	gaćice	gahcheetseh
cap	kapu	kahpoo
cape	kep	kehp
car coat	kaput za kola	kahpoot zah kolah
coat	kaput	kahpoot
dinner jacket	smoking	smokeeng
dress	haljinu	hahl^yeenoo
dressing gown	kućnu haljinu	koochnoo hahl^yeenoo
dungarees	radno odelo	rahdno odehlo
evening dress	večernju haljinu	vehchehrñoo hahl^yeenoo
frock	haljinu	hahl^yeenoo
fur coat	bundu	boondoo
garters	podvezice	podvehzeetseh
girdle	steznik	stehzneek
gloves	rukavice	rookahveetseh
handkerchief	maramicu	mahrahmeetsoo
hat	šešir	shehsheer
housecoat	kućni mantil	koochnee mahnteel
jacket	žaket	zhahkeht
jeans	farmerke	fahrmehrkeh
jersey	vunenu jaknu	voonehnoo yahknoo
jumper (Br.)	džemper	jehmpehr
knickers	pumperice	poompehreetseh
lingerie	ženski veš	zhehnskee vehsh
mackintosh	kišni kaput	keeshnee kahpoot
necktie	mašnu [kravatu]	mahshnoo [krahvahtoo]
nightdress	spavaćicu	spahvahcheetsoo
overalls	radni kombinezon	rahdnee kombeenehzon
panties	gaćice	gahcheetseh
pants (Am.)	pantalone	pahntahloneh
pants (Br.)	gaće	gahcheh
panty-girdle	mider gaćice	meedehr gahcheetseh
parka	vindjaknu	veendyahknoo

SHOPPING GUIDE

117

pullover	pulover	poolovehr
pyjamas	pidžamu	peejahmoo
raincoat	kišni kaput	keeshnee kahpoot
pair of sandals	par sandala	pahr sahndahlah
scarf	šal	shahl
shirt	košulju	koshool'oo
shoes	cipele	tseepehleh
shorts (Br.)	šorc	shorts
skirt	suknju	sookňoo
slacks	pantalone [hlače]	pahntahloneh [hlahcheh]
slip	kombinezon	kombeenehzon
slippers	papuče	pahpoocheh
sneakers	patike	pahteekeh
socks	sokne	sokneh
sports jacket	sportski žaket	sportskee zhahkeht
stockings	ženske čarape	zhehnskeh chahrahpeh
suit (men's)	odelo	odehlo
suit (women's)	kostim	kosteem
suspender belt	kajiš	kahyeesh
suspenders (Am.)	tregere	trehgehreh
tennis shoes	patike za tenis	pahteekeh zah tehnees
tights	gimnastički kostim	geemnahsteechkee kosteem
top coat	kaput	kahpoot
tracksuit	trenerku	trehnehrkoo
trousers	pantalone [hlače]	pahntahloneh [hlahsheh]
twin set	set	seht
underpants (men)	muške gaće	mooshkeh gahcheh
vest (Am.)	prsluk	perslook
vest (Br.)	podkošulju	podkoshool'oo
waistcoat	prsluk	perslook

belt	kaiš	kaheesh
button	dugme	doogmeh
collar	kragna	krahgnah
heel	peta	pehtah
lining	postava	postahvah
pocket	džep	jehp
shoe lace	pertla	pehrtlah
sole	djon	jon
zipper	rajsferšlus	rahysfehrshloos

Electrical appliances and accessories – Records

The voltage in Yugoslavia is 220 volts, 50 cycles A.C. Plugs are the common European type. An adaptor may prove useful.

What's the voltage?	**Kakav je napon ovde?**	kahkahv yeh nahpon ovdeh
I want a plug for this.	**Želim utikač za ovo.**	zhehleem ooteekahch zah ovo
Have you a battery for this?	**Imate li bateriju za ovo?**	eemahteh lee bahtehreeyoo zah ovo
This is broken. Can you repair it?	**Ovo se polomilo. Možete li popraviti?**	ovo seh polomeelo. mozhehteh lee poprahveetee
When will it be ready?	**Kad će biti gotovo?**	kahd cheh **bee**tee gotovo
I'd like a/an/some...	**Želim...**	zhehleem

adaptor (for plug)	**adaptor**	ahdahptor
amplifier	**pojačivač**	poyah**chee**vahch
battery	**bateriju**	bahtehreeyoo
blender	**mikser**	meeksehr
clock	**sat**	saht
wall clock	**zidni sat**	zeednee saht
electric clock	**električni sat**	eh**lehk**treechnee saht
food mixer	**mikser**	meeksehr
hair drier	**fen za kosu**	fehn zah kosoo
iron	**peglu**	pehgloo
travelling iron	**putnu peglu**	pootnoo pehgloo
(electric) kettle	**(električni) lonac**	(eh**lehk**treechnee) lonahts
radio	**radio**	rahdeeo
car radio	**radio za kola**	rahdeeo zah kolah
portable radio	**portabl radio**	portahbl rahdeeo
record player	**gramofon**	grahmofon
portable	**portabl**	portahbl
shaver	**aparat za brijanje**	ahpahraht zah **bree**yahneh
speakers	**zvučnike**	zvoochneekeh
tape recorder	**magnetofon**	mahgneh**to**fon
for cassettes/ portable	**za kasete/portabl**	zah kah**seh**teh/portahbl
television	**televizijski aparat**	tehleh**vee**zeeyskee ahpahraht
colour/portable	**u boji/portabl**	oo **bo**yee/portahbl
toaster	**toster**	tostehr
transformer	**transformator**	trahnsformahtor

Records

Have you any records by...?	**Imate li ploče...?**	**ee**mahteh lee **plo**cheh
Can I listen to this record?	**Mogu li da čujem ovu ploču?**	**mo**goo lee dah **choo**yehm **o**voon **plo**choo
I'd like a cassette.	**Želeo bih kasetu.**	**zheh**leho beeh kah**seh**too
I want a new needle.	**Želim novu iglu.**	**zheh**leem **no**voo **ee**gloo

L.P.	**velika ploča**	**veh**leekah **plo**chah
45 rpm	**45 okretaja**	chehter**deh**seht peht okreh**tah**yah
mono/stereo	**mono/stereo**	**mo**no/**steh**reho

classical music	**klasična muzika**	**klah**seechnah **moo**zeekah
folk music	**narodna muzika**	**nah**rodnah **moo**zeekah
instrumental music	**instrumentalna muzika**	**een**stroomehntahlnah **moo**zeekah
jazz	**džez**	jehz
light music	**laka muzika**	**lah**kah **moo**zeekah
orchestral music	**orkestarska muzika**	or**keh**stahrskah **moo**zeekah
pop music	**pop muzika**	pop **moo**zeekah

Men's hairdressing (barber)

I don't speak much Serbo-Croatian.	Ne govorim dobro srpskohrvatski.	neh govoreem dobro serpskohervahtskee
I'm in a terrible hurry.	Strašno se žurim.	strahshno seh zhooreem
I want a haircut, please.	Hteo bih da se podšišam, molim Vas.	hteho beeh dah seh podsheeshahm moleem vahs
I'd like a shave.	Želeo bih da me obrijete.	zhehleho beeh dah meh obreeyehteh
Don't cut it too short.	Nemojte suviše visoko.	nehmoyteh sooveesheh veesoko
Scissors only, please.	Samo makazama, molim.	sahmo mahkahzahmah moleem
A razor-cut, please.	Britvom, molim.	breetvom moleem
Don't use the clippers.	Nemojte mašinom, molim Vas.	nehmoyteh mahsheenom moleem vahs
Just a trim, please.	Samo podšišajte, molim Vas.	sahmo podsheeshahyteh moleem vahs
That's enough off.	Dosta ste skinuli.	dostah steh skeenoolee
A little more off the...	Skinite još...	skeeneeteh yosh
back	pozadi	pozahdee
neck	na vratu	nah vrahtoo
sides	sa strane	sah strahneh
top	gore	goreh
I don't want any cream.	Ne želim nikakvu kremu.	neh zhehleem neekahkvoo krehmoo
Don't use any oil, please.	Ne želim ulje.	neh zhehleem oolyeh
Would you please trim my...?	Podrežite, molim Vas...	podrehzheeteh moleem vahs
beard	bradu	brahdoo
moustache	brkove	berkoveh
sideboards (sideburns)	zulufi	zooloofee
Thank you. That's fine.	Hvala. Dobro je.	hvahlah. dobro yeh
How much do I owe you?	Koliko sam dužan?	koleeko sahm doozhahn

FOR TIPPING, see inside back-cover

Ladies' hairdressing

Can I make an appointment for some time on Thursday?	Da li mogu da zakažem za četvrtak?	dah lee **mo**goo dah **zah**kahzhehm zah **cheht**vertahk
I'd like it cut and shaped.	Želela bih da me ošišate i počešljate.	**zheh**lehlah beeh dah meh osheeshahteh ee pochehshl'vahteh
in a bun	pundja	**poon**jah
frizz style	kovrdže	**kov**erjeh
fringe	šiške	**shee**shkeh
page-boy style	rolna	**rol**nah
a razor cut	šišanje brijačem	**shee**shahneh breeyahchehm
a restyle	novu frizuru	**no**voo freezooroo
with ringlets	šestice	**sheh**steetseh
with waves	talasi	**tah**lahsee
I want a...	Želim...	**zheh**leem
bleach	blajhanje	**blah**yhahñeh
colour rinse	preliv	**preh**leev
dye	farbanje	**fahr**bahñeh
permanent	trajnu ondulaciju	**trah**ynoo ondoolahtseeyoo
tint	refleks	**reh**flehks
touch-up	popravak	**pop**rahvahk
Do you have a colour chart?	Imate li pregled boja?	**ee**mahteh lee **preh**glehd **bo**yah
I want...	Želim...	**zheh**leem
the same colour	istu boju	**ee**stoo **bo**yoo
a darker colour	tamniju boju	**tahm**neeyoo **bo**yoo
a lighter colour	svetliju boju	**sveht**leeyoo **bo**yoo
auburn/blond/ brunette	kestenjasto/plavo/ brinet	**keh**stehñahsto/**plah**vo/ **bree**neht
Would you put this hair piece on for me?	Stavite mi molim Vas ovaj umetak od kose	**stah**vveeteh mee **mo**leem vahs **o**vahy **oo**mehtahk od **ko**seh
I don't want any hairspray.	Ne želim lak za kosu.	neh **zheh**leem lahk zah **ko**soo
I want a...	Želim...	**zheh**leem
manicure/pedicure/ face-pack	manikiranje/pedi- kiranje/masku	mahnee**kee**rahñeh/ pehdee**kee**rahñeh/ **mah**skoo

FOR TIPPING, see inside back-cover

Jeweller's – Watchmaker's

Can you repair this watch?	Možete li popraviti ovaj sat?	mozhehteh lee mee poprahveetee ovahy saht
The...is broken.	...je polomljen.	...yeh poloml'ehn
glass	staklo	stahklo
spring	feder	fehdehr
strap	kaiš	kaheesh
I want this watch cleaned.	Možete li očistiti ovaj sat?	mozhehteh lee ocheesteetee ovahy saht
When will it be ready?	Kad će biti gotovo?	kahd cheh beetee gotovo
Could I see that, please?	Mogu li da vidim to, molim Vas?	mogoo lee dah veedeem to moleem vahs
I'm just looking around.	Samo bih malo razgledao.	sahmo beeh mahlo rahzglehdaho
I want a small present for...	Želim jedan mali poklon za...	zhehleem yehdahn mahlee poklon zah
I don't want anything too expensive.	Ne želim ništa suviše skupo.	neh zhehleem neeshtah sooveesheh skoopo
I want something...	Ja želim nešto...	yah zhehleem nehshto
better	bolje	bol'eh
cheaper	jeftinije	yehfteeneeyeh
simpler	jednostavnije	yehdnostahvneeyeh
Is it real or imitation?	Da li je pravo ili imitacija?	dah lee yeh prahvo eelee eemeetahtseeyah
What is that stone?	Kakav je to kamen?	kahkahv yeh to kahmehn
Have you anything in gold?	Imate li nešto od zlata?	eemahteh lee nehshto od zlahtah
Is this real silver?	Da li je ovo pravo srebro?	dah lee yeh ovo prahvo srehbro

If it's made of gold, ask:

How many carats is this?	Koliko ima karata?	koleeko eemah kahrahtah

When you go to a jeweller's, you've probably got some idea of
what you want beforehand. Find out what the article is made
of and then look up its name in Serbo-Croatian in the following
lists.

What's it made of?

amber	ćilibar	cheeleebahr
amethyst	ametist	ahmehteest
chromium	hrom	hrom
copper	bakar	bahkahr
coral	koral	korahl
cut glass	brušeno staklo	brooshehno stahklo
diamond	dijamant	deeyahmahnt
emerald	smaragd	smahrahgd
glass	staklo	stahklo
gold	zlato	zlahto
gold leaf	pozlaćen list	pozlahchehn leest
jade	žad	zhahd
onyx	aniks	ahneeks
pearl	biser	beesehr
pewter	kalaj [kositar]	kahlahy [koseetahr]
platinum	platina	plahteenah
ruby	rubin	roobeen
sapphire	safir	sahfeer
silver	srebro	srehbro
silver-plate	posrebren	posrehbrehn
stainless steel	nerdjajući čelik	nehrjahyoochee chehleek
topaz	topaz	topahz
turquoise	tirkiz	teerkeez

What is it?

I'd like a/an/some...	Želim...	zhehleem
bangle	grivnu	greevnoo
beads	perle	pehrleh
bracelet	brezletnu	brehzlehtnoo
brooch	broš	brosh
chain	lanac	lahnahts
charm	mali ukras	mahlee ookrahs
cigarette case	kutiju za cigarete	kooteeyoo zah tseegahrehteh
cigarette lighter	upaljač	oopahlʸahch
clip	broš	brosh

clock	**sat**	saht
alarm clock	**budilnik**	boodeelneek
travel alarm	**sat za put**	saht zah poot
collar stud	**dugme za kragnu**	doogmeh zah krahgnoo
cufflinks	**dugmad za košulju**	doogmahd zah koshoolʸoo
cutlery	**pribor za jelo**	preebor zah yehlo
earrings	**mindjuše**	meenjoosheh
jewel box	**kutiju za nakit**	kooteeyoo zah nahkeet
manicure set	**manikir pribor**	mahneekeer preebor
necklace	**ogrlicu**	ogerleetsoo
pendant	**privesak**	preevehsahk
pin	**iglu**	eegloo
powder compact	**pudrijeru**	poodreeyehroo
propelling pencil	**višebojnu olovku**	veeshehboynoo olovkoo
ring	**prsten**	perstehn
engagement ring	**veridbeni prsten**	vehreedbehnee perstehn
signet ring	**prsten sa pečatom**	perstehn sah pehchahtom
wedding ring	**venčani prsten [burma]**	vehnchahnee perstehn [boormah]
rosary	**brojanice**	broyahneetseh
silverware	**srebreno posudje**	srehbrehno posoojeh
snuff box	**burmuticu**	boormooteetsoo
tie-clip	**držač za kravatu**	derzhach zah krahvahtoo
tie-pin	**iglu za kravatu**	eegloo zah krahvahtoo
vanity case	**kutiju za kozmetiku**	kooteeyoo zah kozmehteekoo
watch	**sat**	saht
pocket watch	**džepni sat**	jehpnee saht
with a second-hand	**sa kazaljkom za sekunde**	sah kahzahlʸekom zah sehkoondeh
wrist watch	**ručni sat**	roochnee saht
watch strap	**kaiš za sat**	kaheesh zah saht
chain strap	**lanac za sat**	lahnahts zah saht
leather strap	**kožni kajiš**	kozhnee kaheesh

Laundry – Dry cleaning

If your hotel doesn't have its own laundry/dry cleaning service, ask the porter:

Can you recommend a good dry cleaner?	Možete li mi preporučiti dobru hemijsku čistionu?	mozhehteh lee mee prehporoocheetee dobroo hehmeeyskoo cheesteeonoo
Where's the nearest laundry?	Gde je najbliža radnja za pranje rublja?	gdeh yeh nahybleezhah rahdňah zah prahňeh rooblʸah
I want these clothes...	Želim ove stvari da se...	zhehleem oveh stvahree dah seh
cleaned	očiste	ocheesteh
ironed	ispeglaju	eespehglahyoo
pressed	ispeglaju	eespehglahyoo
washed	operu	opehroo
When will it be ready?	Kada će biti gotovo?	kahdah cheh beetee gotovo
I need it...	To mi treba...	to mee trehbah
today	danas	dahnahs
tonight	večeras	vehchehrahs
tomorrow	sutra	sootrah
before Friday	pre petka	preh pehtkah
I want it as soon as possible.	To mi treba što pre.	to mee trehbah shto preh
Can you...this?	Možete li mi ovo...?	mozhehteh lee mee ovo
mend	popraviti	poprahveetee
patch	zakrpiti	zahkerpeetee
stitch	zašiti	zahsheetee
Can you sew on this button?	Možete li mi zašiti ovo dugme?	mozhehteh lee mee zahsheetee ovo doogmeh
Can you get this stain out?	Možete li očistiti ovu fleku?	mozhehteh lee mee ocheesteetee ovoo flehkoo
Can this be invisibly mended?	Može li se ovo umetnički uštopati?	mozheh lee seh ovo oomehtneechkee ooshtopahtee
This isn't mine.	Ovo nije moje.	ovo neeyeh moyeh
Where's my laundry? You promised it for today.	Gde je moje rublje? Obećali ste za danas.	gdeh yeh moyeh rooblʸeh? obehchahlee steh zah dahnahs

SHOPPING GUIDE

Photography

You can buy film everywhere in Yugoslavia but to be sure of having your favourite brand, and to save on cost, bring your own supply from home.

I want an inexpensive camera.	Želim jednu ne previše skupu foto kameru.	zhehleem yehdnoo neh prehveesheh skoopoo foto kahmehroo
Show me that one in the window.	Pokažite mi onu u izlogu.	pokahzheeteh mee onoo oo eezlogoo

Film

I'd like a film for this camera.	Želim film za ovu kameru.	zhehleem feelm zah ovoo kahmehroo
120 (6×6)	stodvadeset	stodvahdehseht
127 (4×4)	stodvadeset sedam	stodvahdehseht sehdahm
135 (24×36)	stotrideset i pet	stotreedehsehteepeht
8 mm	od osam milimetera	od osahm meeleemehtahrah
super 8	super osam	soopehr osahm
35 mm	od trideset pet milimetera	od treedehseht peht meeleemehtahrah
620 (6×6) roll film	šest stotina dvadeset rol film	shehst stoteenah dvahdehseht rol feelm
20/36 exposures	dvadeset/trideseti šest snimaka	dvahdehseht/treedehsehteeshehst sneemahkah
this size	ovu dimenziju	ovoo deemehnzeeyoo
this ASA/DIN number	ovaj ASA/DIN broj	ovahy ahsah/deen broy
black and white	crno/beli	tserno/behlee
colour	u boji [kolor]	oo boyee [kolor]
colour negative	kolor negativ	kolor nehgahteev
colour reversal	kolor umker	kolor oomkehr
colour slide (transparency)	kolor dijapozitiv	kolor deeyahpozeeteev
artificial light type (indoor)	za veštačko svetlo	zah vehshtahchko svehtlo
daylight type (outdoor)	za dnevno svetlo	zah dnehvno svehtlo
fast	brzi	berzee
fine-grain	fino-zrnasti	feeno zernahstee
Does the price include processing?	Da li je u cenu uračunato razvijanje?	dah lee yeh oo tsehnoo oorahchoonahto rahzveeyahneh

FOR NUMBERS, see page 175

Processing

How much do you charge for developing?	**Koliko naplaćujete za razvijanje?**	koleeko nahplahchooyehteh zah rahzveeyahneh
I want...prints of each negative.	**Želim po...slika od svakog negativa.**	zhehleem po...sleekah od svahkog nehgahteevah
Will you enlarge this, please?	**Možete li mi ovo povećati, molim Vas?**	mozhehteh lee mee ovo povehchahtee moleem vahs

Accessories

I want a/an/some...	**Želim...**	zhehleem
cable release	**žičani okidač**	zheechahnee okeedach
exposure meter	**svetlomer**	svehtlomehr
flash bulbs	**sijalice za fleš**	seeyahleetseh zah flehsh
flash cubes	**fleš kockice**	flehsh kotskeetseh
for black and white	**za crno/beli**	zah tserno/behlee
for colour	**za kolor**	zah kolor
filter	**filter**	feeltehr
red/yellow	**crveni/žuti**	tservehnee/zhootee
ultra violet	**ultra violet**	ooltrahveeoleht
lens	**sočivo**	socheevo
lens cap	**poklopac za sočivo**	poklopahts zah socheevoo
lens cleaners	**sredstvo za čišćenje sočiva**	srehdstvo zah cheesh chehñeh socheevah
tripod	**nogare [stativ]**	nogahreh [stahteev]

This camera doesn't work. Can you repair it?	**Ova kamera je pokvarena. Možete li je popraviti?**	ovah kahmehrah yeh pokvahrehnah. mozhehteh lee yeh poprahveetee
The film is jammed.	**Film se zaglavio.**	feelm seh zahglahveeoo
There's something wrong with the...	**Nešto nije u redu sa...**	nehshto neeyeh oo rehdoo sah
exposure counter	**brojačem snimaka**	broyahchem sneemahkah
film winder	**navijačem filma**	nahveeyahchem feelmah
light meter	**svetlomerom**	svehtlomehrom
rangefinder	**daljinomerom**	dahlʸeenomehrom

Provisions

Here's a basic list of food and drink that you might want on a picnic or for the occasional meal at home.

I'd like a/an/some...	**Želim...**	zhehleem
apples	**jabuke**	yahbookeh
bananas	**banane**	bahnahneh
biscuits	**keks**	kehks
bread	**hleb [kruh]**	hlehb [krooh]
butter	**puter**	pootehr
cake	**kolače**	kolahcheh
cheese	**sir**	seer
chocolate	**čokoladu**	chokolahdoo
coffee	**kafu**	kahfoo
cold meat	**hladno meso [narezak]**	hlahdno mehso [nahrehzahk]
cookies	**keks**	kehks
crackers	**slani keks**	slahnee kehks
cucumber	**krastavce**	krahstahvtseh
frankfurters	**kobasice**	kobahseetseh
french fries	**pomfrit**	pomfreet
ham	**šunku**	shoonkoo
hamburgers	**faširane šnicle**	fahsheerahneh shneetsleh
ice-cream	**sladoled**	slahdolehd
lemonade	**limunadu**	leemonahdoo
lemons	**limunove**	leemoonoveh
lettuce	**zelenu salatu**	zehlehnoo sahlahtoo
liver sausage	**jetrene kobasice**	yehtrehneh kobahseetseh
luncheon meat	**mesni doručak**	mehsnee doroochahk
milk	**mleko**	mlehko
mustard	**senf**	sehnf
oranges	**pomorandže**	pomorahnjeh
orange squash (drink)	**sok od pomorandže**	sok od pomorahnjeh
pâté	**paštetu od džigerice**	pahshtehtoo od jeegehreetseh
pepper	**biber [papar]**	beebehr [pahpahr]
pickles	**turšiju [kiselu salatu]**	toorsheeyoo [keesehloo sahlahtoo]
pork	**svinjetinu**	sveeñehteenoo
potato chips	**pomfrit**	pomfreet
potatoes	**krompir**	krompeer
rolls	**kifle**	keefleh
salad	**salatu**	sahlahtoo
salami	**salamu**	sahlahmoo
sandwiches	**sendviče**	sehndveecheh
sausages	**kobasice**	kobahseetseh

sugar	**šećer**	**sheh**chehr
sweets	**slatkiše**	slaht**kee**sheh
tea	**čaj**	chahy
tomatoes	**paradajz**	pahrah**dahyz**
tongue	**jezik**	**yeh**zeek
veal	**teletinu**	**teh**lehteenoo

And don't forget...

a bottle opener	**otvarač za flaše**	**otvah**rahch zah **flah**sheh
a corkscrew	**vadičep**	**vah**deechehp
matches	**šibice**	**shee**beetseh
(paper) napkins	**(papirnate) salvete**	(pah**peer**nahteh) sahl**veh**teh
a can opener	**otvarač za konzerve**	**otvah**rahch zah **kon**zehrveh

PROVISIONS

Weights and measures
1 kilogram or kilo (kg) = 1000 grams (g)
100 g = 3.5 oz.　　　½ kg = 1.1 lb.
200 g = 7.0 oz.　　　1 kg = 2.2 lb.
1 oz. = 28.35 g
1 lb. = 453.60 g

1 liter (l) = 0.88 imp. quarts = 1.06 U.S. quarts
1 imp. quart = 1.14 l　　　1 U.S. quart = 0.95 l
1 imp. gallon = 4.55 l　　　1 U.S. gallon = 3.8 l

barrel	**bure**	**boo**reh
box	**kutija**	**koo**teeyah
can	**konzerva**	**kon**zehrvah
carton	**pakovanje**	**pah**kovahñeh
crate	**sanduk**	**sahn**dook
jar	**tegla**	**teh**glah
pack(et)	**paket**	**pah**keht
tin	**konzerva**	**kon**zehrvah
tube	**tuba**	**too**bah

Souvenirs

Any hand-made object, generally speaking, can be of interest to a souvenir or antique hunter. There's still a lot of local handicraft in Yugoslavia, and you'll discover many nicely decorated objects destined for daily use, which you may wish to buy as a souvenir or a gift. Hand-carved brass dishes and cups, painted shawls and other tissues, and wood-carvings in particular are available everywhere and are excellent value for the money spent. Given below is a list of articles with their names in Serbo-Croatian.

Do you have...?	Imate li...?	eemahteh lee
baskets	košare	koshahreh
copperwork	izradjene predmete od bakra	eezrahjehneh prehdmehteh od bahkrah
dolls in national costume	lutke u narodnim nošnjama	lootkeh oo nahrodneem noshñahmah
earthenware	lončarske predmete	lonchahrskeh prehdmehteh
embroidery	vezovi	vehzovee
hand-made carpets	ćilime pravljene rukom	cheeleemeh prahvlʲehneh rookom
hand-made national costumes	narodne nošnje	nahrodneh noshñeh
hand-made wooden plates	izradjene drvene tanjire	eezrahjehneh dervehneh tahñeereh
hand-made woodwork	izradjene drvene predmete	eezrahjehneh dervehneh prehdmehteh
leather drinking flasks	flaše presvučene kožom	flahsheh prehsvoochehneh kozhom
Macedonian caps	fesove	fehsoveh
musical instruments	narodne muzičke instrumente	nahrodneh moozeechkeh eenstroomehnteh
sea coral	koralje	korahlʲeh
seashells	školjke	shkolʲkeh
Serbian moccassins	opanke	opahnkeh
silverwork	ručne radove od srebra	roochneh rahdoveh od srehbrah
shepherd's bags	seljačke torbe	sehlʲahchkeh torbeh
Turkish coffee pots	turske džezve	toorskeh jehzveh
Turkish coffee sets	turske servise za kafu	toorskeh sehrveeseh zah kahfoo
wooden pipes	drvene lule	dervehneh looleh

Tobacconist's

Yugoslavian cigarettes come in a strong, black Turkish variety as well as in mild blends similar to western European cigarettes. In addition to many local makes, certain American brands are manufactured in Yugoslavia under licence.

Give me a/an/some... please.	**Dajte mi molim...**	dahyteh mee moleem
box of...	**kutiju...**	kooteeyoo
cigars	**cigara**	tseegahrah
cigarette case	**tabakeru**	tahbahkehroo
cigarette holder	**cigaršpic**	tseegahrshpeets
cigarette lighter	**upaljač**	oopahl\`ahch
flints	**kremenove**	krehmehnoveh
lighter	**upaljač**	oopahl\`ahch
lighter fluid/gas	**benzin/plin za upaljač**	behnzeen/pleen zah oopahl\`ahch
refill for a lighter	**punjenje za upaljač**	pooñehñeh zah oopahl\`ahch
matches	**šibice**	sheebeetseh
packet of cigarettes	**kutiju cigareta**	kooteeyoo tseegahrehtah
packet of Drina	**kutiju Drine**	kooteeyoo dreeneh
pipe	**lulu**	looloo
pipe tobacco	**duvana za lulu**	doovahnah zah looloo
pipe cleaners	**čistač za lulu**	cheestahch zah looloo
tobacco pouch	**kesu za duvan**	kehsoo zah doovahn
wick	**fitilj**	feeteel\`
Have you any...?	**Imate li...?**	eemahteh lee
American cigarettes	**američke cigarete**	ahmehreechkee tseegahrehteh
English cigarettes	**engleske cigarete**	ehnglehskeh tseegahrehteh
menthol cigarettes	**mentol cigarete**	mehntol tseegahrehteh
I'll take two packets.	**Uzeću dve kutije.**	oozehchoo dveh kooteeyeh
I'd like a carton.	**Želim pakovanje od deset kutija.**	zhehleem pahkovahñeh od dehseht kooteeyah

filter-tipped	**sa filterom**	sah feeltehrom
without filter	**bez filtera**	behz feeltehrah

And while we're on the subject of cigarettes, suppose you want to offer somebody one?

Would you like a cigarette?	**Izvolite cigaretu.**	eezvoleeteh tseegahrehtoo
Have one of mine.	**Izvolite jednu od mene.**	eezvoleeteh **yeh**dnoo od **meh**neh
Try one of these. They're very mild.	**Probajte jednu od ovih. Vrlo su blage.**	pro**bahy**teh **yeh**dnoo od **oveeh**. **ver**lo soo **blah**geh
They're a bit strong.	**Previše su jake.**	**preh**veesheh soo **yah**keh

And if somebody offers you one?

Thank you.	**Hvala.**	**hvah**lah
No, thanks.	**Ne, hvala.**	neh **hvah**lah
I don't smoke.	**Ne pušim.**	neh **poo**sheem
I've given it up.	**Prestao sam da pušim.**	**preh**staho sahm dah **poo**sheem

TOBACCONIST'S

Your money: banks — currency

In banks in the larger towns, there's sure to be someone who speaks English. In most tourist centres, you'll find small currency-exchange offices (*Menjačnice*–**mehñ**ahchneetseh) with notices and signs in English. The exchange rates are the same throughout the country.

Banking hours

Monday through Friday 7 a.m. to 3 p.m. Some banks are open on Saturdays, too. In large cities, there may be a couple of banks "on duty" (*dežurne*–**deh**zhoorneh), open for the exchange of money only. Some of the banks, however, are open until 11 a.m. Remember to take your passport with you when you go to a bank. You'll be asked for it.

Monetary unit

The Yugoslavian monetary system is based on the new dinar, equal to 100 old dinars. The new dinar is divided into 100 para. Most people still think and talk in terms of old dinars; but prices in shops, etc., are all in new dinars.
There are coins of 5, 10, 20 and 50 para and of 1, 2, 5 and 10 dinars. Banknotes are of 10, 20, 50, 100, 500 and 1000 dinars.

Credit cards and traveller's cheques

Although many hotels, restaurants and tourist-oriented enterprises accept credit cards, they're by no means known everywhere, particularly in the villages.

Traveller's cheques may be changed at banks, hotels and travel agencies and are accepted in many shops and restaurants.

Before going

Where's the nearest bank/currency-exchange office?	**Gde je najbliža banka/menjačnica?**	gdeh yeh **nahy**bleezhah **bahn**kah/**meh**ñahchneetsah
Where can I cash a traveller's cheque (check)?	**Gde mogu da promenim putni ček?**	gdeh **mo**goo dah pro**meh**neem **poot**nee chehk
Where's the American Express?	**Gde je Ameriken ekspres?**	gdeh yeh ah**meh**reekehn ehks**prehs**

Inside

I want to change some dollars.	**Želim da promenim dolare.**	**zheh**leem dah pro**meh**neem **do**lahreh
I'd like to change some pounds.	**Želim da promenim funte.**	**zheh**leem dah pro**meh**neem **foon**teh
Here's my passport	**Izvolite moj pasoš.**	eez**vo**leeteh moy **pah**sosh
What's the exchange rate?	**Kakav je kurs?**	**kah**kahv yeh koors
What rate of commission do you charge?	**Kolika je vaša provizija?**	ko**lee**kah yeh **vah**shah pro**vee**zeeyah
Can you cash a personal cheque?	**Možete li promeniti jedan ček?**	**mo**zhehteh lee pro**meh**neetee **yeh**dahn chehk
How long will it take to clear?	**Koliko će trajati dok se proveri?**	ko**lee**ko cheh **trah**yahtee dok seh pro**veh**ree
Can you cable my bank?	**Možete li da telegrafišete mojoj banci?**	**mo**zhehteh lee dah tehleh-**grahf**eeshehteh **mo**yoy **bahn**tsee
I have...	**Ja imam...**	yah **ee**mahm
a letter of credit an introduction from... a credit card	**kreditno pismo preporuku od... kreditnu kartu**	kreh**deet**no **pees**mo preh**po**rookoo od kreh**deet**noo **kahr**too
I'm expecting some money from... Has it arrived yet?	**Očekujem novac iz... Da li je već stigao?**	o**cheh**kooyehm **no**vahts eez... dah lee yeh vehch **stee**gaho
Give me...100-dinar notes (bills) and some small change, please.	**Dajte mi, molim Vas,...novčanice od 100 dinara i nešto sitnine.**	**dahy**teh mee **mo**leem vahs... **nov**chahneetseh od 100 dee**nah**rah ee **nehsh**to seet**nee**neh

FOR NUMBERS, see page 175

| Give me...large notes and the rest in small notes. | **Dajte mi...krupnih novčanica a ostalo u malim novčanicama.** | dahyteh mee...kroopneeh novchahneetsah ah ostahlo oo mahleem novchahneetsahmah |
| Could you check that again, please? | **Možete li to da proverite još jednom, molim Vas?** | mozhehteh lee to dah provehreeteh yosh yehdnom moleem vahs |

Currency converter

In a world of fluctuating currencies, we can offer you no more than this do-it-yourself chart. You can get a card showing current exchange rates from banks, travel agents, tourist offices, etc. But why not fill in this chart, too, for handy reference?

Dinars	£	$
1		.003
2		
5		
10		
20		
50		
75		
100		0.3
500		1.5
1,000		3

At the post office

The business hours of post offices in Yugoslavia vary, depending on the size of the town and the counter you want. Normally, it's from 8 a.m. through to 8 p.m. In major cities, there's always at least one post office where you can send cables, etc., until midnight. Stamps are also sold at tobacconist's shops.

Mail boxes in Yugoslavia are painted yellow. They are affixed on house walls, usually at street corners.

Where's the nearest post office?	Gde je najbliža pošta?	gdeh yeh **nahy**bleezhah **posh**tah
Can you tell me how I get to the post office?	Možete li mi reći kako ću doći do pošte?	**mozh**ehteh lee mee **re**chee **kah**ko choo **do**chee do **posh**teh
What time does the post office open/close?	Kad se pošta otvara/zatvara?	kahd seh **posh**tah **ot**vahrah/**zaht**vahrah
Which window do I go to for stamps?	Na kome šalteru se prodaju marke?	nah **kom**eh **shahl**tehroo seh **pro**dahyoo **mahr**keh
At which counter can I cash an international money order?	Na kome šalteru mogu unovčiti internacionalnu novčanu uputnicu?	nah **kom**eh **shahl**tehroo **mog**oo **oonov**cheetee eentehrnahtseeonahlnoo **nov**chahnoo oopootneetsoo
I want some stamps, please.	Želeo bih nešto poštanskih maraka, molim Vas.	**zheh**leho beeh **neh**shto poshtahnskeeh **mah**rahkah **mo**leem vahs
I want...10-dinar stamps and...5-dinar stamps.	Želim...maraka od 10 dinara i... marke od 5 dinara.	**zheh**leem...**mah**rahkah od 10 **dee**nahrah ee... **mahr**keh od 5 **dee**nahrah
What's the postage for a letter to...?	Kolika je poštarina za pismo za...?	**ko**leekah yeh poshtah**ree**nah zah **pees**mo zah
What's the postage for a postcard to England?	Kolika je poštarina za dopisnicu za Englesku?	**ko**leekah yeh poshtah**ree**nah zah **ehn**glehskoo
When will this letter get there?	Kad će ovo pismo stići tamo?	kahd cheh **o**vo **pee**smo **stee**chee **tah**mo

FOR NUMBERS, see page 175

Do all letters go airmail?	Da li sva pisma idu avionom?	dah lee svah peesmah eedoo ahveeonom
I want to send this parcel.	Želim da pošaljem ovaj paket.	zhehleem dah poshahl^yehm ovahy pahkeht
Do I need to fill in a customs declaration?	Da li trebam da ispunim carinsku deklaraciju?	dah lee trehbahm dah eespooneem tsahreenskoo dehklahrahtseeyoo
I want to register this letter.	Želim da pošaljem ovo pismo preporučeno.	zhehleem dah poshahl^yehm ovo peesmo prehporoochehno
Where's the letter-box?	Gde je poštansko sanduče?	gdeh yeh poshtahnsko sahndoocheh
I want to send this by...	Ovo želim da pošaljem	ovo zhehleem dah poshahl^yehm
airmail	avionom	ahveeonom
express (special delivery)	ekspres	ehksprehs
recorded delivery	s povratnim recepisom	s povrahtneem rehtsehpeesom
registered mail	preporučeno	prehporoochehno
Where is the poste restante (general delivery)?	Gde je poste restant?	gdeh yeh posteh rehstahnt
Is there any mail for me? My name is...	Ima li pošte za mene? Ja se zovem...	eemah lee poshteh zah mehneh yah seh zovehm
Here's my passport.	Izvolite moj pasoš.	eezvoleeteh moy pahsosh

POŠTANSKE MARKE	STAMPS
PAKETI	PARCELS
NOVČANE POŠILJKE	MONEY ORDERS

Cables (telegrams)

Where's the nearest cable office?	Gde je najbliža pošta za brzojave?	gdeh yeh nahybleezhah poshtah zah berzoyahveh
I want to send a cable (telegram). May I have a form, please?	Želim da pošaljem telegram. Molim Vas formular.	zhehleem dah poshahl^yehm tehlehgrahm. moleem vahs formoolahr

How much is it per word?	**Koliko košta jedna reč?**	koleeko koshtah yehdnah rehch
How long will a cable to Boston take?	**Koliko treba da telegram stigne u Boston?**	koleeko trehbah dah tehlehgrahm steegneh oo boston
Send it collect.	**Pošaljite na njihov račun.**	poshahlʲeeteh nah ñeehov rahchoon

Telephoning

In Yugoslavia, there are telephone booths in the streets. To make a local call, lift the receiver, insert 1 dinar and dial the number you require. You'll find dialling codes in the directory.

General

Where's the telephone?	**Gde je telefon?**	gdeh yeh tehlehfon
Where's the nearest telephone booth?	**Gde je najbliža telefonska govornica?**	gdeh yeh nahybleezhah tehlehfonskah govorneetsah
May I use your phone?	**Mogu li se poslužiti Vašim telefonom?**	mogoo lee seh posloozheeteh vahsheem tehlehfonom
Have you a telephone directory for...?	**Imate li telefonski imenik za...?**	eemahteh lee tehlehfonskee eemehneek zah
Can you help me get this number?	**Hoćete li mi nazvati ovaj broj?**	hochehteh lee mee nahzvahtee ovahy broy

Operator

Do you speak English?	**Govorite li engleski?**	govoreeteh lee ehnglehskee
Good morning. I want Belgrade 123-456.	**Dobro jutro. Trebam Beograd 123-456.**	dobro yootro. trehbahm behograhd 123-456.
Can I dial direct?	**Mogu li direktno nazvati?**	mogoo lee deerehktno nahzvahteh
I want to reverse the charges.	**Želim da govorim na račun druge strane.**	zhehleem dah govoreem nah rahchoon droogeh strahneh
Will you tell me the cost of the call afterwards?	**Kažite mi cenu razgovora posle.**	kahzheeteh mee tsehnoo rahzgovorah posleh

TELEPHONE

Speaking

I want to speak to…	**Želim da govorim sa…**	zhehleem dah govoreem sah
Would you put me through to…?	**Hoćete li mi dati vezu sa…?**	hochehteh lee mee dahtee vehzoo zah
I want extension…	**Ja želim lokal…**	yah zhehleem lokahl
Is that…?	**Da li je to…?**	dah lee yeh to
Hello. This is…	**Halo, ovde…**	hahlo ovdeh

Bad luck

Would you try again later, please?	**Molim Vas, hoćete li pokušati kasnije ponovno?**	moleem vahs hochehteh lee pokooshahtee kahsneeyeh ponovno
Operator, you gave me the wrong number.	**Gospodjice, dali ste mi pogrešan broj.**	gospojeetseh dahlee steh mee pogrehshahn broy

Telephone alphabet

A	**Avala**	ahvahlah		M	**Mostar**	mostahr
B	**Beograd**	behograhd		N	**Niš**	neesh
C	**Cetinje**	tsehteeñeh		Nj	**Njegoš**	nehgosh
Č	**Čačak**	chahchahk		O	**Osijek**	oseeyehk
Ć	**Ćuprija**	choopreeyah		P	**Pirot**	peerot
D	**Dubrovnik**	doobrovneek		R	**Rijeka**	reeyehkah
Dj	**Djakovo**	jahkovo		S	**Skopje**	skopyeh
Dž	**Džamija**	jahmeeyah		Š	**Šibenik**	sheebehneek
E	**Evropa**	ehvropah		T	**Titograd**	teetograhd
F	**Foča**	fochah		U	**Uroševac**	ooroshehvats
G	**Gorica**	goreetsah		V	**Valjevo**	vahlʲehvo
H	**Hercegovina**	hehrtsehgoveenah		Z	**Zagreb**	zahgrehb
I	**Istra**	eestrah		Ž	**Žirovnica**	zheerovneetsah
J	**Jadran**	yahdrahn		Q	**Kvadrat**	kvahdraht
K	**Kosovo**	kosovo		W	**Duplo V**	dooplo veh
L	**Lika**	leekah		Y	**Ipsilon**	eepseelon
Lj	**Ljubljana**	lʲooblʲahnah		X	**Iks**	eeks

Not there

When will he be back?	**Kad će se vratiti?**	kahd cheh seh **vrah**teetee
Will you tell him I called? My name's...	**Recite mu da sam ga tražio, molim Vas. Ja se zovem...**	**reh**tseeteh moo dah sahm gah **trah**zheeo **mo**leem vahs. yah seh zovehm
Would you ask him to call me?	**Zamolite ga da me nazove.**	zah**mo**leeteh gah dah meh nah**zo**veh
Would you take a message, please?	**Da li mogu da ostavim poruku, molim Vas?**	dah lee **mo**goo dah os**tah**veem po**roo**koo **mo**leem vahs

Charges

What's the cost of that call?	**Koliko košta taj razgovor?**	ko**lee**ko **kosh**tah tahy **rah**zgovor
I want to pay for the call.	**Želim da platim razgovor.**	**zheh**leem dah **plah**teem **rah**zgovor

Possible answers

Telefon za vas.	There's a telephone call for you.
Trebaju Vas na telefon.	You're wanted on the telephone.
Koji broj zovete?	What number are you calling?
Linija je zauzeta.	The line's engaged.
Nema odgovora.	There's no answer.
Nazvali ste pogrešan broj.	You've got the wrong number.
Telefon je pokvaren.	The phone is out of order.
Trenutno nije ovde.	He's out at the moment.

TELEPHONE

The car

We'll start this section by considering your possible needs at a filling station. Most filling stations don't handle major repairs; but apart from provisioning you with fuel, they may be helpful in solving all kinds of minor problems.

Where's the nearest filling station?	**Gde je najbliža benzinska stanica?**	gdeh yeh **nahy**bleezzhah **behn**zeenskah **stah**neetsah
I want...litres, please.	**Želim...litara, molim.**	zhehleem...**lee**tahrah **mo**leem
ten/twenty/fifty	**deset/dvadeset/ pedeset**	**deh**seht/**dvah**dehseht/ **pe**dehseht
I want 15 litres of standard/premium.	**Želim 15 litara premiuma/ supera.**	zhehleem 15 **lee**tahrah **preh**meeoomah/ **soo**pehrah
Fill her up, please.	**Napunite molim.**	**nah**pooneeteh **mo**leem
Check the oil, please.	**Proverite ulje, molim Vas.**	**pro**vehreeteh **ool**ʸeh **mo**leem vahs
Check the water, please.	**Molim Vas proverite vodu.**	**mo**leem vahs **pro**vehreeteh **vo**doo
Top up (fill up) the battery with distilled water.	**Napunite akumulator destilovanom vodom.**	**nah**pooneeteh **ah**koomoolahtor **deh**steelovahnnom **vo**dom
Put in some anti-freeze, please.	**Stavite antifriz, molim Vas.**	**stah**veeteh **ahn**teefreez **mo**leem vahs
Check the brake fluid.	**Kontrolišite ulje za kočnice.**	**kon**troleesheeteh **ool**ʸeh zah **koch**neetseh

Fluid measures						
litres	imp. gal.	U.S. gal.		litres.	imp. gal.	U.S. gal.
5	1.1	1.3		30	6.6	7.8
10	2.2	2.6		35	7.7	9.1
15	3.3	3.9		40	8.8	10.4
20	4.4	5.2		45	9.9	11.7
25	5.5	6.5		50	11.0	13.0

FOR NUMBERS, see page 175

Tire pressure			
lb./sq. in.	kg/cm^2	lb./sq. in.	kg/cm^2
10	0.7	26	1.8
12	0.8	27	1.9
15	1.1	28	2.0
18	1.3	30	2.1
20	1.4	33	2.3
21	1.5	36	2.5
23	1.6	38	2.7
24	1.7	40	2.8

Would you check the tires?	**Proverite, molim Vas, gume.**	provehreeteh moleem vahs goomeh
The pressure should be one point six front, one point eight rear.	**Pritisak mora biti: jedan koma šest prednje, jedan koma osam zadnje gume.**	preeteesahk morah beetee: yehdahn komah shehst prehdñeh yehdahn komah osahm zahdñeh goomeh
Check the spare tire, too, please.	**Proverite rezervnu gumu takodje, molim Vas.**	provehreeteh rehzehrvnoo goomoo tahkojeh moleem vahs
Can you fix this flat (mend this puncture)?	**Možete li zakrpiti ovu gumu?**	mozhehteh lee mee zahkerpeetee ovoo goomoo
Will you change this tire, please?	**Hoćete li promeniti ovu gumu, molim Vas?**	hochehteh lee mee promehneetee ovoo goomoo
Would you clean the windshield (windscreen)?	**Molim Vas očistite šoferšajbnu.**	moleem vahs ocheesteeteh shofehrshahybnoo
Have you a road map of this district?	**Imate li autokartu [kartu autoputeva] ove oblasti?**	eemahteh lee ahootokahrtoo [kahrtoo pootehvah] oveh oblahstee
Where's the ladies'/men's toilet?	**Gde je toalet za žene/muškarce?**	gdeh yeh toahleht zah zhehneh/mooshkahrtseh

Asking the way – Street directions

English	Serbian	Pronunciation
Excuse me.	Izvinite.	eezveeneeteh
Can you tell me the way to...?	Možete li mi pokazati put za...?	mozhehteh lee mee pokahzahtee poot zah
How do I get to...?	Kako mogu da dodjem do...?	kahko mogoo dah dojehm do
Where does this road lead to?	Kuda vodi ovaj put?	koodah vodee ovahy poot
Can you show me on this map where I am?	Možete li mi pokazati na ovoj karti gde se nalazim?	mozhehteh lee mee pokahzahtee nah ovoy kahrtee gdeh seh nahlahzeem
How far is it to... from here?	Koliko je odavde do...?	koleeko yeh odahvdeh do

Miles into kilometres

1 mile = 1.609 kilometres (km)

miles	10	20	30	40	50	60	70	80	90	100
km	16	32	48	64	80	97	113	129	145	161

Kilometres into miles

1 kilometre (km) = 0.62 miles

km	10	20	30	40	50	60	70	80	90	100	110	120	130
miles	6	12	19	25	31	37	44	50	56	62	68	75	81

Possible answers

Vi ste na pogrešnom putu.	You're on the wrong road.
Idite pravo.	Go straight ahead.
To je tamo na levoj (desnoj) strani.	It's down there on the left (right).
Idite tim putem.	Go that way.
Idite do prve (druge) raskrsnice.	Go to the first (second) crossroads.
Skrenite levo (desno) kod semafora.	Turn left (right) at the traffic lights.

In the rest of this section we'll be more closely concerned with the car itself. We have divided it into two parts:

Part A contains general advice on motoring in Yugoslavia, hints and regulations. It's essentially for reference, and is therefore to be browsed over, preferable in advance.

Part B is concerned with the practical details of accidents, breakdown and emergency. It includes a list of car parts and a list of things that may go wrong with them. All you have to do is to show it to the garage mechanic and get him to point to the items required.

Part A

Customs-Documentation

You will require the following documents:

passport
international insurance certificate (green card)
car registration certificate
valid home driving licence

The nationality plate or sticker must be on the car.

In Yugoslavia, you can drive with a British or American driving licence. But if you plan to visit other countries, check whether an international permit is required.

Motorists are required to have in their vehicle a spare set of bulbs and a reflector warning triangle for use in case of breakdown. The use of seat belts is obligatory. Crash helmets are compulsory for both riders and passengers on motorcycles and scooters.

Here's my...	Izvolite moju...	eezvoleeteh moyoo
driving licence	**vozačku dozvolu**	vozahchkoo dozvoloo
green card	**zelenu kartu**	zehlehnoo kahrtoo
passport	**pasoš**	pahsosh
I haven't anything to declare.	**Nemam ništa da prijavim za carinu.**	nehmahm neeshtah dah preeyahveem zah tsahreenoo
I've...	**Imam...**	eemahm
a carton of cigarettes	**deset kutija cigareta**	dehseht kooteeyah tseegahrehtah
a bottle of whisky	**flašu viskija**	flahshoo veeskeeyah
a bottle of wine	**flašu vina**	flahshoo veenah
We're staying for...	**Ostajemo...**	ostahyehmo
a week	**nedelju dana**	nehdehl'oo dahnah
two weeks	**dve nedelje**	dveh nehdehl'eh
a month	**mesec dana**	mehsehts dahnah

Roads

The classification of roads in Yugoslavia is as follows:

Autoput motorway (expressway)
(**ahootopoot**)

Glavni tranzitni put main road (highway)
(**glahv**nee **trahn**zeetnee poot)

Sporedni put secondary road
(**sporehd**nee poot)

Lokalni put local road
(**lokahl**nee poot)

In some areas of the country the word *cesta* (**tseh**stah) is substituted for *put*.

Remember to drive on the right and overtake on the left. The casualty rate on the roads in Yugoslavia is high. Drivers should pay special attention and drive carefully.

Traffic offences

The police can fine you on the spot. A small fine must be paid immediately or mailed promptly. You can opt to go before a local traffic court, but this can be time-consuming.

In case of serious trouble, insist on an interpreter.

I'm sorry, officer. I didn't see the sign/light.	**Izvinite. Nisam video znak/svetlo.**	eez**vee**neeteh. **nee**sahm **vee**deho znahk/**sveh**tlo
I didn't realise my speed.	**Nisam primetio da tako brzo vozim.**	**nee**sahm preemehteeo dah tahko berzo vozeem
Here's my name and address.	**Izvolite moje ime i adresu.**	eezvoleeteh moyeh eemeh ee ahdrehsoo

Parking

Use your common sense when parking. The police (*milicija*–**mee**leetseeyah) are normally reasonably lenient with tourists, but don't push your luck too far.

Park your car in the direction of moving traffic on the right-hand side of the road, not against the flow of traffic.

Obey the parking regulations, which will be indicated by signs or by lines painted on the sidewalks. In many cities in Yugoslavia, you may park your car on the sidewalk, even in the downtown area.

Excuse me. Can I park here?	**Izvinite. Mogu li da parkiram kola ovde?**	eez**vee**neeteh. mogoo lee dah pahrkeerahm kolah ovdeh
How long can I park here?	**Koliko dugo mogu da ostavim kola ovde?**	koleeko doogo mogoo dah ostahveem kolah ovdeh
What's the charge for parking here?	**Koliko se ovde naplaćuje za parkiranje?**	koleeko seh ovdeh nah**plah**chooyeh zah pahr**kee**rahñeh
Do I have to leave my lights on?	**Treba li da ostavim svetla upaljena?**	**treh**bah lee dah ostahveem **sveh**tlah oopahl^yehnah

Yugoslavian road signs

Here are some of the main signs and notices you're likely to encounter when driving in Yugoslavia. Obviously, they should be studied in advance. You can't drive and read at the same time!

AERODROM	Airport
AUTOMEHANIČAR	Car mechanic
CENTAR GRADA	Town centre
GARAŽA	Garage
JEDAN SMER	One-way street
KAMP	Camping site
KRAJ ZABRANE	End of no-parking zone
MILICIJA	Militia (police)
OSIM ZA VOZILA...	Except for vehicles...
OPASNOST	Danger
ODRON KAMENA	Falling rocks
OPASNO KAD PADA KIŠA	Dangerous when wet
OGRANIČENA BRZINA ZBOG DOTRAJALOG KOLOVOZA	Limited speed – bad road surface
OPASNA KRIVINA	Dangerous bend (curve)
PAZI NA VOZ [VLAK]	Caution – level (railroad crossing)
PALI SVETLA	Turn on lights
RADOVI NA PUTU	Road works (men working)
STOJ	Stop
ŠKOLA	School
VOZ [VLAK]	Train
VELIKI NAGIB	Steep hill
ZABRANJENO PARKIRANJE	No parking
ZABRANJENO PRETICANJE	No overtaking (passing)
ZABRANJEN ULAZ	No entry
ZABRANJENO SKRETANJE	No turning (right or left)

Motorway telephone

On the main *autoput* (**ah**ootopoot–motorway or freeway), there are telephone posts for emergency, breakdowns and accidents at five-kilometre intervals. Call 987, *Auto-Moto Savez Jugoslavije* (AMSJ), the Car Drivers' Association of Yugoslavia.

FOR INTERNATIONAL ROAD SIGNS, see pages 160-161

Part B

Accidents

This section is confined to immediate aid. The legal problems of responsibility and settlement can be taken care of at a later stage.

Your first concern will be for the injured.

Is anyone hurt?	**Da li je neko povredjen?**	dah lee yeh **neh**ko povrehjehn
Don't move.	**Nemojte se pokretati.**	**neh**moyteh seh pokrehtahtee
It's all right. Don't worry.	**Sve je u redu. Ne brinite se.**	sveh yeh oo **reh**doo. neh **bree**neeteh seh
Where's the nearest telephone?	**Gde je najbliži telefon?**	gdeh yeh **nahy**bleezhee tehlehfon
Can I use your phone? There's been an accident.	**Mogu li se poslužiti Vašim telefonom. Desio se nesrećan slučaj.**	**mo**goo lee seh posloozheetee vahsheem tehleh**f**onom. **deh**seeo seh nehsrehchahn **sloo**chahy
Call a doctor (ambulance) quickly.	**Pozovite doktora (kola za hitnu pomoć), brzo.**	pozoveeteh doktorah (kolah zah **heet**noo pomoch) berzo
There are people injured.	**Ima povredjenih.**	**ee**mah povrehjehneeh
Help me get them out of the car.	**Pomozite mi da ih izvadimo iz kola.**	pomozeeteh mee dah eeh **eez**vahdeemo eez kolah

Police – Exchange of information

Please call the police.	**Pozovite, molim Vas policiju [miliciju].**	pozoveeteh moleem vahs polee**ts**eeyoo [mee**l**eetseeyoo]
There's been an accident at... It's about 2 kilometres from...	**Dogodio se nesrećni slučaj kod... Desio se otprilike 2 kilometra od...**	dogodeeo seh nehsrehchnee **sloo**chahy kod... **deh**seeo seh otpreeleekeh 2 **kee**lomehtrah od
I'm on the Zagreb-Belgrade road, kilometer marker 50.	**Ja sam na putu Zagreb-Beograd, kod 50 kilometra.**	yah sahm nah **poo**too **zah**grehb behograhd kod 50 **kee**lomehtrah

Here's my name and address.	Izvolite moje ime i adresu.	eezvoleeteh moyeh eemeh ee ahdrehsoo
Would you mind acting as a witness?	Da li biste hteli da budete svedok?	dah lee beesteh htehlee dah boodehteh svehdok
I'd like an interpreter.	Želim tumača.	zhehleem toomahchah
Where's the nearest garage?	Gde je najbliža garaža?	gdeh yeh nahybleezhah gahrahzhah

Remember to put out a red triangle warning if the car is out of action or impeding traffic.

Breakdown

…and that's what we'll do with this section: break it down into four phases.

1. **On the road:** You ask where the nearest garage is.
2. **At the garage:** You tell the mechanic what's wrong.
3. **Finding the trouble:** He tells you what he thinks is wrong.
4. **Getting it fixed:** You tell him to fix it and, once that's over, settle the account (or argue about it).

Phase 1 – On the road

Excuse me. My car has broken down. May I use your phone?	Izvinite. Kola su mi se pokvarila. Mogu li se poslužiti Vašim telefonom?	eezveeneeteh. kolah soo mee seh pokvahreelah. mogoo lee seh poslozheetee vahsheem tehlehfonom
What's the telephone number of the nearest garage?	Koji je broj najbliže garaže?	koyee yeh broy nahybleezheh gahrahzheh
I've had a breakdown at…	Kola su mi u kvaru kod…	kolah soo mee oo kvahroo kod

We are on the Ljubljana-Zagreb motorway, about 10 kilometres from Zagreb.	Mi smo na autoputu Ljubljana-Zagreb, oko 10 kilometara od Zagreba.	mee smo nah ahootopootoo l'oobl'ahnah zahgrehb oko 10 keelomehtahrah od zahgrehbah
Can you send a mechanic?	Možete li poslati mehaničara?	mozhehteh lee poslahtee mehhahneechahrah
Can you send a truck to tow my car?	Možete li poslati kamion da šlepuje moja kola?	mozhehteh lee poslahtee kahmeeon dah shlehpooyeh moyah kolah
How long will you be?	Kad možete biti ovde?	kahd mozhehteh beetee ovdeh

Phase 2 – At the garage

Can you help me?	Možete li mi pomoći?	mozhehteh lee mee pomochee
Are you the mechanic?	Da li ste Vi mehaničar?	dah lee steh vee mehhahneechahr
I don't know what's wrong with it.	Ja ne znam šta nije u redu.	yah neh znahm shtah neeyeh oo rehdoo
I think there's something wrong with the...	Ja mislim da nešto nije u redu sa...	yah meesleem dah nehshto neeyeh oo rehdoo sah
battery	akumulatorom	ahkoomoolahtorom
brakes	kočnicama	kochneetsahmah
bulbs	sijalicama	seeyahleetsahmah
clutch	kuplungom	kooploongom
cooling system	sistemom za hlađenje	seestehmom zah hlahjehñeh
contact	kontaktima	kontahkteemah
dimmers	oborenim svetlom	oborehneem svehtlom
dynamo	dinamom	deenahmom
electrical system	električnim sistemom	ehlehktreechneem seestehmom
engine	motorom	motorom
gears	menjačem brzina	mehnahchem berzeenah
handbrake	ručnom kočnicom	roochnom kochneetsom
headlight	prednjim farovima	prehdñeem fahroveemah
horn	sirenom	seerehnom
ignition system	sistemom paljenja	seestehmom pahl'ehnah
indicator	žmigavcima	zhmeegahvtseemah

CAR – REPAIRS

lights	**svetlima**	sveh**tlee**mah
brake light	**svetlom za kočnice**	**sveh**tlom zah **koch**neetseh
reversing (back up) light	**svetlom za vožnju u nazad**	**sveh**tlom zah **vozh**ñoo oo **nah**zahd
tail lights	**stražnjim svetlima**	**strahzh**ñeem **sveh**tleemah
lubrication system	**sistemom podmazivanja**	**see**stehmom podmazee**vah**ñah
pedal	**pedalom**	peh**dah**lom
reflectors	**reflektorima**	rehf**lehk**toreemah
sparking plugs	**kablom za svećice**	**kah**blom zah sveh**cheet**seh
starting motor	**startnim motorom**	**stahrt**neem **mo**torom
steering	**upravljanjem**	oo**prahvl**y**ah**ñehm
suspension	**amortizerima**	ahmortee**zeh**reemah
transmission	**transmisijom**	trahns **mee**seeyom
wheels	**točkovima**	**toch**koveemah
wipers	**brisačima**	bree**sah**cheemah

RIGHT	LEFT		FRONT	BACK
DESNO	**LEVO**		**SPREDA**	**POZADI**
(**deh**sno)	(**leh**vo)		(**spreh**dah)	(**po**zahdee)

It's...	**To je...**	to yeh
bad	**loše**	**lo**sheh
blowing	**ne zatvara**	neh **zah**tvahrah
blown	**pregorelo**	preh**go**rehlo
broken	**razbijeno**	rahz**bee**yehno
burnt	**pregoreno**	preh**go**rehno
cracked	**napuknuto**	nah**pook**nooto
defective	**defektno**	deh**fehkt**no
disconnected	**prekinuto**	preh**kee**nooto
dry	**suvo**	**soo**vo
frozen	**smrznuto**	**smerz**nooto
jammed	**zaglavljeno**	zah**glah**vl**y**ehno
knocking	**lupa**	**loo**pah
leaking	**curi**	**tsoo**ree
loose	**labavo**	**lah**bahvo
misfiring	**pogrešno pali**	**po**grehshno **pah**lee
noisy	**bučno**	**booch**no
not working	**ne radi**	neh **rah**dee
overheating	**pregrejavanje**	prehgreeyah**vah**neh

short-circuiting	**kratki spoj**	krahtkee spoy
slack	**popustilo**	popoosteelo
slipping	**spada**	spahdah
stuck	**zaglavljeno**	zahglahvlyehno
vibrating	**vibrira**	veebreerah
weak	**slabo**	slahbo
worn	**dotrajalo**	dotrahyahlo
The car won't start.	**Auto neće da se upali.**	ahooto nehcheh dah seh oopahlee
It's locked and the keys are inside.	**Zaključano je a ključevi su unutra.**	zahklyoochahno yeh ah klyoochehvee soo oonootrah
The fan-belt is too slack.	**Kaiš ventilatora je popustio.**	kaheesh vehnteelahtorah yeh popoosteeo
The radiator is leaking.	**Radijator curi.**	rahdeeyahtor tsooree
The idling needs adjusting.	**Brzi (polagani) hod treba da se podesi.**	berzee (polahgahnee) hod trehbah dah seh podehsee
The clutch engages too quickly.	**Kuplung hvata suviše brzo.**	kooploong hvahtah sooveesheh berzo
The steering wheel's vibrating.	**Kolo volana vibrira.**	kolo volahnah veebreerah
The wipers are smearing.	**Brisači zapinju.**	breesahchee zahpeeñoo
The pneumatic suspension is weak.	**Pneumatski amortizer je slab.**	pnehoomahtskee ahmorteezehr yeh slahb
The pedal needs adjusting.	**Pedala treba da se podesi.**	pehdahlah trehbah dah seh podehsee

Now that you've explained what's wrong, you'll want to know how long it'll take to repair it and arrange yourself accordingly:

How long will it take to repair?	**Koliko će trajati popravak?**	koleeko cheh trahyahtee poprahvahk
How long will it take to find out what's wrong?	**Koliko će trajati da pronadjete šta nije u redu?**	koleeko cheh trahyahtee dah pronahjehteh shtah neeyeh oo rehdoo
Suppose I come back in half an hour (tomorrow)?	**Mogu li da dodjem za pola sata (sutra)?**	mogoo lee dah dojehm zah polah sahtah (sootrah)

Can you give me a lift into town?	**Možete li me povesti do grada?**	mozhehteh lee meh povehstee do grahdah
Is there a place to stay nearby?	**Da li mogu odsesti negde u blizini?**	dah lee mogoo odsehstee nehgdeh oo bleezeenee
May I use your phone?	**Mogu li upotrebiti Vaš telefon?**	mogoo lee oopotrehbeetee vahsh tehlehfon

Phase 3 – Finding the trouble

It's up to the mechanic either to find the trouble or to repair it. All you have to do is hand him the book and point to the text in Serbo-Croatian below.

Molim Vas pogledajte ovu abecednu listu i pokažite deo koji je u kvaru. Ako Vaša mušterija želi da zna šta nije u redu sa tim delom, nadjite odgovarajući naziv na sledećoj listi (polomljen, kratki spoj itd).*

akumulator	battery
amortizer	shock absorber
amortizer	suspension
automatski prenos	automatic transmission
bobina	ignition coil
brzina	gear
cilinder	cylinder
ćelije akumulatora	battery cells
četke	brushes
dijafragma	diaphragm
dinamo	dynamo
dugmad	points
električni sistem	electrical system
filter	filter
filter benzina	petrol filter
filter za ulje	oil filter
filter za vazduh	air filter
generator	generator
glava cilindera	cylinder head

* Please look at the following alphabetical list and point to the defective item. If your customer wants to know what's wrong with it, pick the applicable item from the next list (broken, short-circuited, etc.).

glavni ležaj	main bearings
glava motora	block
kabl	cable
karburator	carburettor
kardanski zglob	universal joint
klip	piston
kočnica	brake
kočni cilinder	brake drum
kontakt	contact
kuplung	clutch
kurbla	crankcase
kutija upravljača	steering box
kutija menjača	gear box
ležaj	bearing
ležišta u sponi	track rod ends
masnoća	grease
motor	engine
motor startera	starter motor
obloga kočnice	lining
opruga ventila	valve spring
opruge	springs
osovina	shaft
papučice	shoes
pedala kuplunga	clutchpedal
ploča kuplunga	clutch plate
plovak	float
pneumatski amortizer	pneumatic suspension
poluga prebacivača	dipswitch
potisne opruge	pressure springs
prenos	transmission
prstenovi	rings
prstenovi klipa	piston rings
pumpa	pump
pumpa benzina	fuel pump
pumpa za vodu	water pump
pumpa uštrcavanja	injection pump
radijator	radiator
radilica	crankshaft
razvodnik	distributor
remen ventilatora	fan-belt
rotor elektro pokretača	starter armature
sistem hladjenja	cooling system
spojnice	joint
stabilizator	stabilizer
stub upravljača	steering column
svećice	sparking plugs

tekućina akumulatora	battery liquid
termostat	thermostat
točkovi	wheels
upravljač	steering
ventil	valve
ventilator	fan
ventili	stems
veza	connection
vodovi razvodnika	distributor leads
vodovi svećica	sparking-plug leads
zaptivač glave cilindera	cylinder head gasket
zazori	tappets
zupčanici	teeth
zupčanik	camshaft
zupčasta poluga i zupčanik	rack and pinion

Sledeća lista sadrži reči za opis kvara kao i ono što treba da se popravi na kolima.*

brzo	quick
curi	leaking
čistiti	to clean
defektan	defective
demontirati	to strip down
dotrajalo	worn
isisavati	to bleed
iskrivljen	warped
izbalansirati	to balance
izgoreno	burnt
izmeniti	to change
kratak	short
kratak spoj	short-circuit
labavo	loose
lupa	knocking
napuknuto	cracked
napuniti	to charge
ne zatvara	blowing
nisko	low

* The following list contains words about what's wrong as well as what may need to be done with the car.

pogrešno paljenje	misfiring	
popustilo	slack	
popustiti	to loosen	
pregorelo	blown	
pregrejavanje	overheating	
prekinut	disconnected	
prljav	dirty	
probušeno	puncture	
radi	play	
razbijeno	broken	
slabo	weak	
smrznut	frozen	
spada	slipping	
stegnuti	to tighten	
suvo	dry	
šlajfovati	to grind in	
štelovanje	to adjust	
vibrira	vibrating	
visok	high	
zaglavito	stuck	
zaglavljeno	jammed	
zameniti	to reline	
zameniti	to replace	
zardjalo	corroded	

Phase 4 – Getting it fixed

Have you found the trouble?	**Da li ste pronašli kvar?**	dah lee steh **pro**nahshlee kvahr

Now that you know what's wrong, or at least have some idea, you'll want to find out…

Is that serious?	**Da li je to ozbiljno?**	dah lee yeh to oz**beel'**no
Can you fix it?	**Možete li to popraviti?**	mo**zheh**teh lee to po**prah**veetee
Can you do it now?	**Možete li to uraditi sada?**	mo**zheh**teh lee to oo**rah**deetee **sah**dah
What's it going to cost?	**Koliko će koštati?**	ko**lee**ko cheh **kosh**tahtee

| Have you the necessary spare parts? | **Imate li potrebne rezervne delove?** | eemahteh lee potrehbneh rehzehrvneh dehloveh |

What if he says "no"?

Why can't you do it?	**Zašto to ne možete uraditi?**	zahshto to neh mozhehteh oorahdeetee
Is it essential to have that part?	**Da li je taj deo neophodan?**	dah lee yeh tahy deho nehophodahn
How long is it going to take to get the spare parts?	**Koliko će trebati da dobijete te rezervne delove?**	koleeko cheh trehbahtee dah dobeeyehteh teh rehzehrvneh dehloveh
Where's the nearest garage that can repair it?	**Gde je najbliža garaža gde se to može popraviti?**	gdeh yeh nahybleezah gahrahzhah gdeh seh to mozheh poprahveetee
Well, can you fix it so that I can get as far as…?	**Možete li to popraviti tako da stignem do…?**	mozhehteh lee to poprahveetee tahko dah steegnehm do

If you're really stuck, ask if you can leave the car at the garage. Contact an automobile association or hire another car.

Settling the bill?

| Is everything fixed? | **Da li je sve u redu?** | dah lee yeh sveh oo rehdoo |
| How much do I owe you? | **Koliko Vam dugujem?** | koleeko vahm doogooyehm |

The garage then presents you with a bill. If you're satisfied…

| Will you take a traveller's cheque (check)? | **Da li primate putni ček?** | dah lee preemahteh pootnee chehk |
| Thanks very much for your help. | **Hvala Vam mnogo za Vašu pomoć.** | hvahlah vahm mnogo zah vahshoo pomoch |

This is for you.	**Ovo je za Vas.**	ovo yeh zah vahs

But you may think that the workmanship is sloppy or that you're paying for work not done. Get the bill itemized. If necessary, get it translated before you pay.

I'd like to check the bill first. Would you itemize the work done?	**Želim da prekontrolišem račun prvo. Naznačite, molim Vas, šta je sve uradjeno.**	zhehleem dah prehkontroleeshehm rahchoon pervo. nahznah-cheeteh moleem vahs shtah yeh sveh oorahjehno

If the garage won't back down – and you're still sure you're right – get the help of a third party.

Some international road signs

No vehicles

No entry

No overtaking (passing)

Oncoming traffic has priority

Maximum speed limit

No parking

Caution

Intersection

Dangerous bend (curve)

Road narrows

Intersection with secondary road

Two-way traffic

Dangerous hill

Uneven road

Falling rocks

Give way (yield)

Main road, thoroughfare

End of restriction

One-way traffic

Traffic goes this way

Roundabout (rotary)

Bicycles only

Pedestrians only

Minimum speed limit

Keep right (left if symbol reversed)

Parking

Hospital

Motorway (expressway)

Motor vehicles only

Filling station

No through road

Doctor

Frankly, how much use is a phrase book going to be to you in case of serious injury or illness? The only phrase you need in such an emergency is...

| Get a doctor – quick! | **Zovite doktora, brzo!** | zoveeteh doktorah berzo |

But there are minor aches and pains, ailments and irritations that can upset the best planned trip. Here we can help you – and, perhaps, the doctor.

Some doctors will speak English well; others will know enough for your needs. But suppose there is something the doctor cannot explain because of language difficulties? We've thought of that. As you will see, this section has been arranged to enable you and the doctor to communicate. From page 165 to 171, you find your side of the dialogue on the upper half of each page; the doctor's is on the lower half.

The whole section has been divided into three parts: illness, wounds, nervous tension. Page 171 is concerned with prescriptions and fees.

General

I need a doctor – quickly.	**Treba mi doktor, brzo.**	trehbah mee doktor berzo
Can you get me a doctor?	**Možete li mi naći doktora?**	mozhehteh lee mee nahchee doktorah
Is there a doctor in the hotel?	**Da li u hotelu ima doktor?**	dah lee oo hotehloo eemah doktor
Please telephone for a doctor immediately.	**Molim Vas pozovite doktora odmah.**	moleem vahs pozoveeteh doktorah odmah
Where's there a doctor who speaks English?	**Gde ima doktor koji govori engleski?**	gdeh eemah doktor koyee govoree ehnglehskee
Is there an American/ English hospital in the town?	**Ima li u gradu američka/engleska bolnica?**	eemah lee oo grahdoo ahmehreechkah/ehnglehskah bolneetsah

FOR CHEMIST, see page 108

Where's the doctor's office (surgery)?	**Gde je ordinacija lekara?**	gdeh yeh ordee**nah**tseeyah leh**kah**rah
What are the office (surgery) hours?	**Kad lekar ordinira?**	kahd **leh**kahr or**dee**neerah
Could the doctor come and see me here?	**Da li bi doktor mogao da dodje ovde da me pregleda?**	dah lee bee **dok**tor mo**ga**ho dah **do**jeh **ov**deh dah meh **preh**glehdah
What time can the doctor come?	**Kad može doktor da dodje?**	kahd **mo**zheh **dok**tor dah **do**jeh

Note: Doctors in Yugoslavia don't have private consulting rooms, except for a few in Zagreb and Ljubljana.

Symptoms

Use this section to tell the doctor what's wrong. Basically, what he'll require to know is:

What? (ache, pain, bruise, etc.)
Where? (arm, stomach, etc.)
How long? (have you had the trouble)

Before you visit the doctor, find out the answers to these questions by glancing through the pages that follow. In this way, you'll save valuable time.

Parts of the body

ankle	**članak**	**chlah**nahk
appendix	**slepo crevo**	**sleh**po **tsreh**vo
arm	**ruka**	**roo**kah
artery	**arterija**	ahr**teh**reeyah
back	**ledja**	**leh**jah
bladder	**mehur**	**meh**hoor
blood	**krv**	kerv
bone	**kost**	kost
bowels	**creva**	**tsreh**vah
breast	**grudi**	**groo**dee
cheek	**obraz**	**o**brahz
chest	**grudi**	**groo**dee
chin	**brada**	**brah**dah
collar-bone	**ključna kost**	kl'**yooch**nah kost
ear	**uvo**	**oo**vo
elbow	**lakat**	**lah**kaht

English	Serbian	Pronunciation
eye	oko	oko
eyes	oči	ochee
face	lice	leetseh
finger	prst	perst
foot	stopalo	stopahlo
forehead	čelo	chehlo
gland	žlezda	zhlehzdah
hand	šaka	shahkah
head	glava	glahvah
heart	srce	sertseh
heel	peta	pehtah
hip	kuk	kook
intestines	creva	tsrehvah
jaw	vilica	veeleetsah
joint	zglavak	zglahvahk
kidney	bubreg	boobrehg
knee	koleno	kolehno
knee cap	čašica kolena	chahsheetsah kolehnah
leg	noga	nogah
lip	usna	oosnah
liver	jetra	yehtrah
lungs	pluća	ploochah
mouth	usta	oostah
muscle	mišić	meesheech
neck	vrat	vraht
nerve	živac	zheevahts
nose	nos	nos
rib	rebro	rehbro
shoulder	rame	rahmeh
skin	koža	kozhah
spine	kičma	keechmah
stomach	stomak	stomahk
tendon	žila	zheelah
thigh	bedro	behdro
throat	grlo	gerlo
thumb	palac	pahlahts
toe	prst na nozi	perst nah nozee
tongue	jezik	yehzeek
tonsils	krajnici	krahyneetsee
urine	urin	ooreen
vein	vena	vehnah
wrist	ručni zglavak	roochnee zglahvahk

LEFT/ON THE LEFT SIDE
LEVO/NA LEVOJ STRANI
(lehvo/nah lehvoy strahnee)

RIGHT/ON THE RIGHT SIDE
DESNO/NA DESNOJ STRANI
(dehsno/nah dehsnoy strahnee)

PATIENT

Part 1 – Illness

I'm not feeling well.	**Ja se ne osećam dobro.**	yah seh neh osehchahm dobro
I'm ill.	**Bolestan sam.**	bolehstahn sahm
I've got a pain here.	**Ovde me boli.**	ovdeh meh bolee
His/Her...hurts.	**Njegov/Njegova... boli.**	ñehgov/ñehgovah... bolee
I've got a...	**Ja imam...**	yah eemahm
headache	**glavobolju**	glahvobolʸoo
backache	**bolove u ledjima**	boloveh oo lehjeemah
fever	**groznicu**	grozneetsah
sore throat	**gušobolju**	gooshobolʸoo
I'm constipated.	**Imam zatvor.**	eemahm zahtvor
I've been vomiting.	**Povraća mi se.**	povrahchah mee seh

DOCTOR

Bolest

Na šta se žalite?	What's the trouble?
Gde Vas boli?	Where does it hurt?
Koliko dugo Vas to boli?	How long have you had this pain?
Kako dugo se ovako osećate?	How long have you been feeling like this?
Zavrnite rukav.	Roll up your sleeve.
Molim Vas skinite se (do pojasa).	Please undress (down to the waist).
Molim Vas skinite pantalone i gaćice.	Please remove your trousers and underpants.

PATIENT

I feel ill/faint.	Ja se osećam bolestan/slab.	yah seh osehchahm bolehstahn/slahb
I feel sick/I'm dizzy.	Zlo mi je/Vrti mi se u glavi.	zlo mee yeh/vertee mee seh oo glahvee
I feel nauseated/I feel shivery.	Muka mi je/Grozničav sam.	mookah mee yeh/grozneechahv sahm
I/He/She's got a/an...	Ja/on/ona ima...	yah/on/onah eemah
abcess	abces	ahbtsehs
asthma	astmu	ahstmoo
boil	čir	cheer
chill	prehladu	prehhlahdoo
cold	prehladu	prehhlahdoo
constipation	zatvor	zahtvor
convulsions	grčeve	gerchehveh
cramps	grčeve	gerchehveh
diarrhoea	proliv	proleev
fever	groznicu	grozneetsoo
haemorrhoids	hemoroide	hehmoroeedeh
hay fever	sensku groznicu	sehnskoo grozneetsoo

DOCTOR

Molim Vas lezite ovde.	Please lie down over here.
Otvorite usta.	Open your mouth.
Duboko dišite.	Breathe deeply.
Kašljite, molim Vas.	Cough, please.
Izmeriću Vam temperaturu.	I'll take your temperature.
Izmeriću Vam krvni pritisak.	I'm going to take your blood pressure.
Da li je ovo prvi put da ste to dobili?	Is this the first time you've had this?

PATIENT

hernia	**hernija**	heh**r**neeyah
indigestion	**nevarenje**	neh**vah**reh**ñ**eh
inflammation of...	**upala...**	**oo**pahlah
influenza	**grip**	greep
morning sickness	**jutarnja mučnina**	yootah**rñ**ah **moo**chneenah
stiff neck	**ukočen vrat**	**oo**kochehn **vraht**
rheumatism	**reumatizam**	rehoomah**tee**zahm
sunburn	**opekotine od sunca**	opehko**teen**eh od **soon**tsah
sunstroke	**sunčanica**	**soon**chahneetsah
tonsillitis	**upala krajnika**	**oo**pahlah **krah**yneekah
ulcer	**čir**	cheer
whooping cough	**veliki kašalj**	**veh**leekee **kah**shahl**y**
It's nothing serious, I hope?	**Nadam se da nije ništa ozbiljno?**	**nah**dahm seh dah **nee**yeh **nee**shtah oz**beel**y**no
I'd like you to prescribe me some medicine.	**Želeo bih da mi prepišete neki lek.**	**zheh**leho beeh dah mee **preh**peeshehteh **neh**kee lehk

DOCTOR

Nije ništa zabrinjavajuće.	It's nothing to worry about.
Morate ostati u krevetu...dana.	You must stay in bed for...days.
Vi imate...	You've got...
prehladu/artritis/upalu pluća grip/trovanje hranom upalu...	a cold/arthritis/pneumonia influenza/food poisoning an inflammation of...
Vi pušite/pijete previše.	You're smoking/drinking too much.
Vi ste premoreni. Potreban vam je mir.	You're over-tired. You need a rest.
Treba da idete kod specijaliste.	I want you to see a specialist.
Treba da idete u bolnicu na jedan kompletni pregled.	I want you to go to the hospital for a general check-up.
Prepisaću vam antibiotike.	I'll prescribe an antibiotic.

PATIENT

I'm a diabetic.	**Ja sam dijabetičar.**	yah sahm deeyah**beh**teechahr
I have a cardiac condition.	**Bolujem od srca.**	bolooyehm od **ser**tsah
I had a heart attack in...	**Imao sam srčani napad u...**	eemaho sahm **ser**chahnee **nah**pahd oo
I'm allergic to...	**Ja sam alergičan na...**	yah sahm ah**lehr**geechahn nah
This is my usual medicine.	**Ovo je moj uobičajeni lek.**	ovo yeh moy ooo**bee**chahyehnee lehk
I need this medicine.	**Ja trebam ovaj lek.**	yah **treh**bahm ovahy lehk
I'm expecting a baby.	**Ja očekujem bebu.**	yah ochehkooyehm **beh**boo
Can I travel?	**Mogu li putovati?**	mogoo lee **poo**tovahtee

DOCTOR

Koliku dozu insulina uzimate?	What dose of insulin are you taking?
Inekciju ili oralno?	Injection or oral?
Kako ste se lečili?	What treatment have you been having?
Koji ste lek uzimali?	What medicine have you been taking?
Vi ste imali (mali) srčani napad.	You've had a (slight) heart attack.
Mi ne upotrebljavamo...u Jugoslaviji. Ovo je vrlo slično.	We don't use...in Yugoslavia. This is very similar.
Kad očekujete bebu?	When is the baby due?
Vi ne možete putovati do...	You can't travel until...

PATIENT

Part 2 – Wounds

Could you have a look at this...?	Možete li pogledati...?	mozhehteh lee pogledahtee
blister	plik	pleek
boil	potkožni čir	potkozhnee cheer
bruise	modricu	modreetsoo
burn	opekotinu	opehkoteenoo
cut	posekotinu	posehkoteenoo
graze	ogrebotinu	ogrehboteenoo
insect bite	ubod insekta	oobod eensehktah
lump	čvorugu	chvoroogoo
rash	osip	oseep
sting	ubod	oobod
swelling	otok	otok
wound	ranu	rahnoo
I can't move my... It hurts.	Ja ne mogu da pomaknem... Boli me.	yah neh mogoo dah pomahknehm... bolee meh

DOCTOR

Ozlede

To je (nije) inficirano.	It's (not) infected.
Imate diskus.	You've got a slipped disc.
Treba da odete na rentgen.	I want you to have an X-ray.
To je...	It's...
prelomljeno/istegnuto iščašeno/razderano	broken/sprained dislocated/torn
Istegli ste mišić.	You've pulled a muscle.
Daću Vam antiseptik. Nije ništa ozbiljno.	I'll give you an antiseptic. It's not serious.
Dodjite ponovo za...dana.	I want you to come and see me in...days time.

PATIENT

Part 3 – Nervous tension

I'm in a nervous state.	**Nervozan sam.**	neh**r**vozahn sahm
I'm feeling depressed.	**Osećam se deprimirano.**	osehchahm seh deh**pree**meerahno
I want some sleeping pills.	**Želeo bih tablete za spavanje.**	zhehleho beeh tah**bleh**teh zah spah**vah**ñeh
I can't eat/I can't sleep.	**Ne mogu da jedem/ Ne mogu da spavam.**	neh mogoo dah **yeh**dehm/ neh mogoo dah **spah**vahm
I'm having nightmares.	**Imam grozne snove.**	**ee**mahm grozneh snoveh
Can you prescribe a...?	**Možete li mi prepisati...?**	mozhehteh lee mee preh**pee**sahtee
sedative/ tranquillizer	**sredstvo za umirenje**	s**reh**dstvo zah oomee**reh**ñeh
anti-depressant	**sredstvo protiv depresije**	s**reh**dstvo proteev deh**preh**seeyeh

---

DOCTOR

Nervna napetost

Vi patite od nervne napetosti.	You're suffering from nervous tension.
Vama je potreban mir.	You need a rest.
Koje tablete ste uzimali?	What pills have you been taking?
Koliko na dan?	How many a day?
Koliko dugo se ovako osećate?	How long have you been feeling like this?
Prepisaću Vam neke tablete.	I'll prescribe some tablets.
Daću Vam sredstvo za umirenje.	I'll give you a sedative.

PATIENT

Prescriptions and dosage

What kind of medicine is this?	**Kakav je ovo lek?**	kahkahv yeh ovo lehk
How many times a day should I take it?	**Koliko puta dnevno ga moram uzimati?**	koleeko pootah dnehvno gah morahm oozeemahtee
Must I swallow them whole?	**Moram li ih cele progutati?**	morahm lee eeh tsehleh progootahtee

Fee

How much do I owe you?	**Koliko sam Vam dužan?**	koleeko sahm vahm doozhahn
Do I pay you now or will you send me your bill?	**Da li da Vam odmah platim ili ćete mi poslati račun?**	dah lee dah vahm odmah plahteem eelee chehteh mee poslahtee rahchoon
Thanks for your help, doctor.	**Hvala Vam na pomoći, doktore.**	hvahlah vahm nah pomochee doktoreh

DOCTOR

Recepti i doziranja

Uzmite od ove medicine...malu kašiku svaka...sata. Take...teaspoonful of this this medicine every...hours.

Uzmite...tablete sa čašom vode. Take...pills with a glass of water.

...puta dnevno ...times a day
pre svakog obroka before each meal
posle svakog obroka after each meal
u jutro in the morning
u veče at night

Naplata honorara

To je..., molim Vas. That's..., please.
Molim Vas platite mi sada. Please pay me now.
Poslaću Vam račun. I'll send you a bill.

FOR NUMBERS, see page 175

Dentist

Can you recommend a good dentist?	Možete li mi preporučiti dobrog zubnog lekara?	mozhehteh lee mee prehporoocheetee dobrog zoobnog lehkahrah
Can I make an (urgent) appointment to see the doctor...?	Mogu li da zakažem (hitan) sastanak sa doktorom...?	mogoo lee dah zahkahzhehm (heetahn) sahstahnahk sah doktorom
Can't you possibly make it earlier than that?	Da li ikako može ranije?	dah lee eekalıko mozheh rahneeyeh
I've a toothache.	Ja imam zubobolju.	yah eemahm zoobobolˈyoo
I've an abcess.	Ja imam abces.	yah eemahm ahbtsehs
This tooth hurts.	Ovaj zub me boli.	ovahy zoob meh bolee
at the top	gore	goreh
at the bottom	dole	doleh
in the front	napred	nahprehd
at the back	pozadi	pozahdee
Can you fix it temporarily?	Možete li ga privremeno popraviti?	mozhehteh lee gah preevrehmehno poprahveetee
I don't want it extracted (pulled).	Ne želim da ga izvadim.	neh zhehleem dah gah eezvahdeem
I've lost a filling.	Ispala mi je plomba.	eespahlah mee yeh plombah
The gum is very sore/ The gum is bleeding.	Desni me jako bole/ Desni mi krvare.	dehsnee meh yahko boleh/ dehsnee mee kervahreh

Dentures

I have broken this denture.	Slomio (slomila*) sam protezu.	slomeeo (slomeelah) sahm protehzoo
Can you repair this denture?	Možete li popraviti ovu protezu?	mozhehteh lee poprahveetee ovoo protehzoo
When will it be ready?	Kad će biti gotovo?	kahd cheh beetee gotovo

* Feminine. See Grammar.

Optician

I've broken my glasses.	Razbio (razbila*) sam svoje naočale.	rahzbeeo (rahzbeelah) sahm svoyeh nahochahleh
Can you repair them for me?	Možete li ih popraviti?	mozhehteh lee eeh poprahveetee
When will they be ready?	Kad će biti gotove?	kahd cheh beetee gotoveh
Can you change the lenses?	Možete li promeniti stakla?	mozhehteh lee promehneetee stahklah
I want some contact lenses.	Želim kontaktna stakla.	zhehleem kontahktnah stahklah
I want tinted lenses.	Želim tamna stakla.	zhehleem tahmnah stahklah
I'd like to buy a pair of binoculars.	Želeo bih da kupim durbin.	zhehleho beeh dah koopeem doorbeen
How much do I owe you?	Koliko Vam dugujem?	koleeko vahm doogooyehm
Do I pay you now or will you send me your bill?	Treba li da Vam platim sada ili ćete mi poslati račun?	trehbah lee dah vahm plahteem sahdah eelee chehteh mee poslahtee rahchoon

*Feminine. See Grammar.

FOR NUMBERS, see page 175

Reference section

Countries

This page will help you to explain where you're from, where you've been, and where you're going.

Africa	**Afrika**	ahfreekah
Australia	**Australija**	ahoostrahleeyah
Austria	**Austrija**	ahoostreeyah
Belgium	**Belgija**	behlgeeyah
Bulgaria	**Bugarska**	boogahrskah
Canada	**Kanada**	kahnahdah
China	**Kina**	keenah
Czechoslovakia	**Čehoslovačka**	chehhoslovahchkah
Denmark	**Danska**	dahnskah
England	**Engleska**	ehnglehskah
Europe	**Evropa**	ehvropah
France	**Francuska**	frahntsooskah
Germany	**Nemačka**	nehmahchkah
Great Britain	**Velika Britanija**	vehleekah **bree**tahneeyah
Greece	**Grčka**	gerchkah
Hungary	**Madjarska**	mahjahrskah
Ireland	**Irska**	eerskah
Italy	**Italija**	eetahleeyah
Netherlands	**Nizozemska**	neezozehmskah
New Zealand	**Novi Zeland**	novee zehlahnd
Norway	**Norveška**	norvehshkah
Poland	**Poljska**	pol^yskah
Rumania	**Rumunija**	roomooneeyah
Scandinavia	**Skandinavija**	skahndeenahveeyah
South Africa	**Južna Afrika**	yoozhnah ahfreekah
Spain	**Španija**	shpahneeyah
Sweden	**Švedska**	shvehdskah
Switzerland	**Švajcarska**	shvahytsahrskah
Turkey	**Turska**	toorskah
USA	**Sjedinjene Američka Države**	syehdeeñehneh ahmehreechkeh **der**zhahveh
USSR	**Sovjetski Savez**	sovyehtskee **sah**vehz
Wales	**Vels**	vehls
Yugoslavia	**Jugoslavija**	yoogoslahveeyah

Numbers

0	**nula**	noolah
1	**jedan**	**yeh**dahn
2	**dva**	dvah
3	**tri**	tree
4	**četiri**	**cheh**teeree
5	**pet**	peht
6	**šest**	shehst
7	**sedam**	**seh**dahm
8	**osam**	**o**sahm
9	**devet**	**deh**veht
10	**deset**	**deh**seht
11	**jedanaest**	yeh**dah**nahehst
12	**dvanaest**	dvah**nah**ehst
13	**trinaest**	tree**nah**ehst
14	**četrnaest**	cheh**tr**nahehst
15	**petnaest**	**peht**nahehst
16	**šesnaest**	**shehs**nahehst
17	**sedamnaest**	seh**dahm**nahehst
18	**osamnaest**	o**sahm**nahehst
19	**devetnaest**	deh**veht**nahehst
20	**dvadeset**	**dvah**dehseht
21	**dvadeset jedan**	**dvah**dehseht**yeh**dahn
22	**dvadeset dva**	**dvah**dehseht dvah
23	**dvadeset tri**	**dvah**dehseht tree
24	**dvadeset četiri**	**dvah**dehseht **cheh**teeree
25	**dvadeset pet**	**dvah**dehseht peht
26	**dvadeset šest**	**dvah**dehseht shehst
27	**dvadeset sedam**	**dvah**dehseht **seh**dahm
28	**dvadeset osam**	**dvah**dehseht **o**sahm
29	**dvadeset devet**	**dvah**dehseht **deh**veht
30	**trideset**	**tree**dehseht
31	**trideset jedan**	**tree**dehseht **yeh**dahn
32	**trideset dva**	**tree**dehseht dvah
33	**trideset tri**	**tree**dehseht tree
40	**četrdeset**	cheh**ter**dehseht
41	**četrdeset jedan**	cheh**ter**dehseht **yeh**dahn
42	**četrdeset dva**	cheh**ter**dehseht dvah
43	**četrdeset tri**	cheh**ter**dehseht tree
50	**pedeset**	peh**deh**seht
51	**pedeset jedan**	peh**deh**seht **yeh**dahn
52	**pedeset dva**	peh**deh**seht dvah
53	**pedeset tri**	peh**deh**seht tree
60	**šezdeset**	shehz**deh**seht
61	**šezdeset jedan**	shehz**deh**seht **yeh**dahn

62	šezdeset dva	shehz**deh**seht dvah
63	šezdeset tri	shehz**deh**seht tree
70	sedamdeset	sehdahm **deh**seht
71	sedamdeset jedan	sehdahm**deh**seht **yeh**dahn
72	sedamdeset dva	sehdahm**deh**seht dvah
73	sedamdeset tri	sehdahm**deh**seht tree
80	osamdeset	osahm**deh**seht
81	osamdeset jedan	osahm**deh**seht **yeh**dahn
82	osamdeset dva	osahm**deh**seht dvah
83	osamdeset tri	osahm**deh**seht tree
90	devedeset	dehveh**deh**seht
91	devedeset jedan	dehveh**deh**seht **yeh**dahn
92	devedeset dva	dehveh**deh**seht dvah
93	devedeset tri	dehveh**deh**seht tree
100	sto	sto
101	sto jedan	sto **yeh**dahn
102	sto dva	sto dvah
110	sto deset	sto **deh**seht
120	sto dvadeset	sto **dvah**dehseht
130	sto trideset	sto **tree**dehseht
140	sto četrdeset	sto chehter**deh**seht
150	sto pedeset	sto peh**deh**seht
160	sto šezdeset	sto shehz**deh**seht
170	sto sedamdeset	sto sehdahm**deh**seht
180	sto osamdeset	sto osahm**deh**seht
190	sto devedeset	sto dehveh**deh**seht
200	dve stotine	dveh **sto**teeneh
300	tri stotine	tree **sto**teeneh
400	četiri stotine	**cheh**teeree stoteeneh
500	pet stotina	peht **sto**teenah
600	šest stotina	shehst **sto**teenah
700	sedam stotina	**seh**dahm stoteenah
800	osam stotina	osahm stoteenah
900	devet stotina	**deh**veht stoteenah
1000	jedna hiljada	**yeh**dnah heelʸahdah
1100	hiljadu sto	**heel**ʸahdoo sto
1200	hiljadu i dvesta	**heel**ʸahdoo ee **dveh**stah
2000	dve hiljade	dveh **heel**ʸahdeh
5000	pet hiljada	peht **heel**ʸahdah
10,000	deset hiljada	**deh**seht heelʸahdah
50,000	pedeset hiljada	peh**deh**seht heelʸahdah
100,000	sto hiljada	sto **heel**ʸahdah
1,000,000	jedan milion	**yeh**dahn meeleeon
1,000,000,000	milijarda	meelee**yah**rdah

first	**prvi**	**per**vee
second	**drugi**	**droo**gee
third	**treći**	**treh**chee
fourth	**četvrti**	**cheht**vertee
fifth	**peti**	**peh**tee
sixth	**šesti**	**sheh**stee
seventh	**sedmi**	**sehd**mee
eighth	**osmi**	**os**mee
ninth	**deveti**	**deh**vehtee
tenth	**deseti**	**deh**sehtee
once	**jedanput**	yeh**dahn**poot
twice	**dva puta**	dvah **poo**tah
three times	**tri puta**	tree **poo**tah
a half	**polovina**	po**lo**veenah
half a...	**pola od...**	**po**lah od
half of...	**pola...**	**po**lah
half (adj.)	**pola**	**po**lah
a quarter	**četvrt**	**cheht**vert
one third	**jedna trećina**	**yeh**dnah treh**chee**nah
a pair of...	**par...**	pahr
a dozen	**tuce**	**too**tseh
1985	**hiljadu devet sto osamdeset pet**	**heel**^yahdoo **deh**veht sto o**sahm**dehseht peht
1987	**hiljadu devet sto osamdeset sedam**	**heel**^yahdoo **deh**veht sto o**sahm**dehseht **seh**dahm
1990	**hiljadu devet sto devedeset**	**heel**^yahdoo **deh**veht sto **deh**vehdehseht

Time

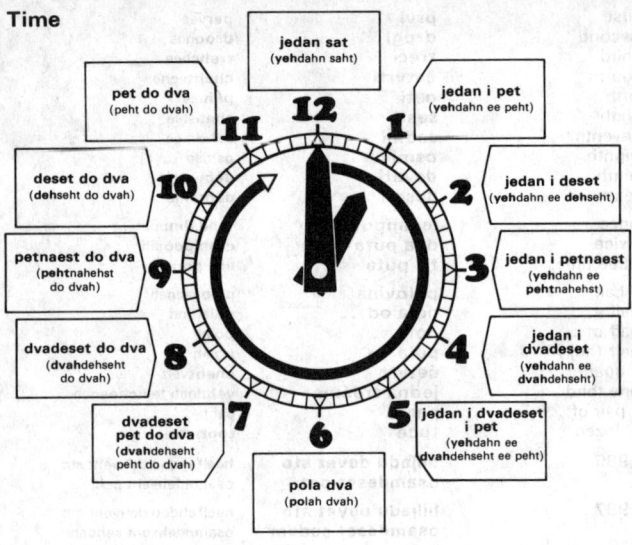

Useful expressions

What time is it?	**Koliko je sati?**	ko**lee**ko yeh **sah**tee
Excuse me. Can you tell me the time?	**Izvinite. Možete li mi reći koliko je sati?**	eezvee**nee**teh **mo**zhehteh lee mee **reh**chee ko**lee**ko yeh **sah**tee
I'll meet you at... tomorrow.	**Sastaćemo se sutra u...**	sahstah**cheh**mo seh **soo**trah oo
I am so sorry I'm late.	**Žao mi je što sam zakasnio.**	**zhah**o mee yeh shto sahm zah**kahs**neeo
after	**posle**	**pos**leh
before	**pre**	preh
early	**rano**	**rah**no
in time	**na vreme**	nah **vreh**meh
late	**kasno**	**kahs**no
midday (noon)	**podne**	**pod**neh
midnight	**pola noći**	**po**lah **no**chee

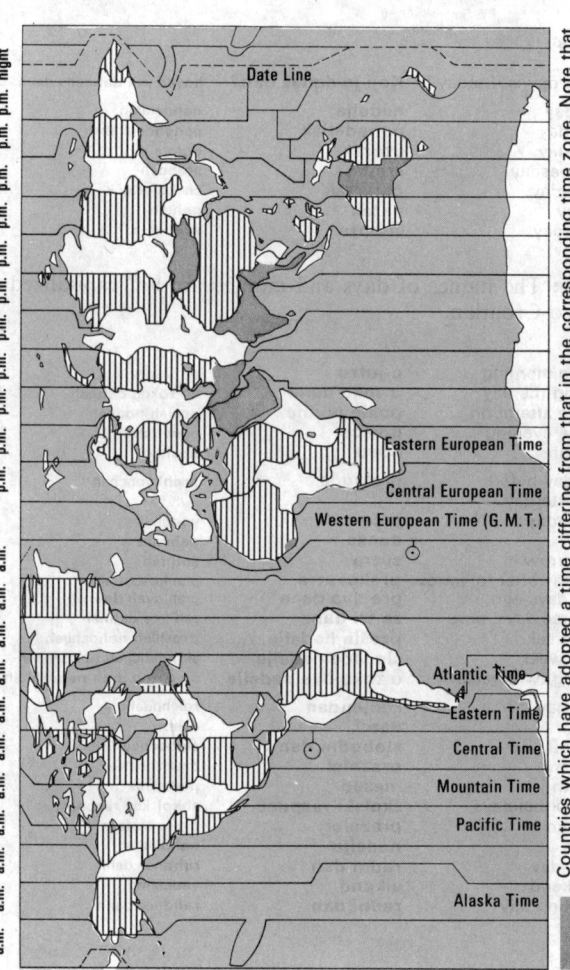

Countries which have adopted a time differing from that in the corresponding time zone. Note that in the USSR, official times is one hour ahead of the time in each corresponding time zone. In summer, numerous countries advance time one hour ahead of standard time.

REFERENCE SECTION

Days

What day is it today?	Koji je danas dan?	koyee yeh dahnahs dahn
Sunday	nedelja	nehdehl'ah
Monday	ponedeljak	ponehdohl'ahk
Tuesday	utorak	ootorahk
Wednesday	sreda	srehdah
Thursday	četvrtak	chehtvertahk
Friday	petak	pehtahk
Saturday	subota	soobotah

Note: The names of days and months are not capitalized in Serbo-Croatian.

in the morning	u jutro	oo yootro
during the day	u toku dana	oo tokoo dahnah
in the afternoon	posle podne	posleh podneh
in the evening	u veče	oovehcheh
at night	noću	nochoo
the day before yesterday	prekjuče	prehkyoocheh
yesterday	juče	yoocheh
today	danas	dahnahs
tomorrow	sutra	sootrah
the day after tomorrow	prekosutra	prehkosootrah
two days ago	pre dva dana	preh dvah dahnah
in three days' time	za tri dana	zah tree dahnah
last week	prošle nedelje	proshleh nehdehl'eh
next week	sledeće nedelje	slehdehcheh nehdehl'eh
during two weeks	u toku dve nedelje	oo tokoo dveh nehdehl'eh
birthday	rodjendan	rojehndahn
day	dan	dahn
day off	slobodni dan	slobodnee dahn
holidays	praznici	prahzneetsee
month	mesec	mehsehts
school holidays	školski raspust	shkolskee raspoost
vacation	praznici	prahzneetsee
week	nedelja	nehdehl'ah
weekday	radni dan	rahdnee dahn
weekend	vikend	veekehnd
working day	radni dan	rahdnee dahn

Months

January	**januar**	yahnooahr
February	**februar**	fehbrooahr
March	**mart**	mahrt
April	**april**	ahpreel
May	**maj**	mahy
June	**juni**	yoonee
July	**juli**	yoolee
August	**avgust**	ahvgoost
September	**septembar**	sehptehmbahr
October	**oktobar**	oktobahr
November	**novembar**	novehmbahr
December	**decembar**	dehtsehmbahr
since June	**od juna**	od yoonah
during the month of August	**za vreme meseca avgusta**	zah vrehmeh mehsehtsah ahvgoostah
last month	**prošlog meseca**	proshlog mehsehtsah
next month	**sledećeg meseca**	slehdehchehg mehsehtsah
the month before	**pre mesec dana**	preh mehsehts dahnah
the next month	**sledeći mesec**	slehdehchee mehsehts
July 1st	**prvog jula**	pervog yoolah
March 17th	**sedamnaestog**	sehdahmnahehstog mahrtah

Letter headings are written thus:

Rijeka, August 17th, 19..   **Rijeka, 17. avgusta 19..**

Zagreb, July 1st, 19..   **Zagreb, 1. jula 19..**

Seasons

spring	**proleće**	prolehcheh
summer	**leto**	lehto
autumn	**jesen**	yehsehn
winter	**zima**	zeemah
in spring	**u proleće**	oo prolehcheh
during the summer	**za vreme leta**	zah vrehmeh lehtah
in autumn	**u jesen**	oo yehsehn
during the winter	**za vreme zime**	zah vrehmeh zeemeh

Public holidays

These are the main public holidays in Yugoslavia when banks, offices and shops are closed:

New Year	**January 1st and 2nd**
Labour Days	**May 1st and 2nd**
Fighter's Day	**July 4th**
Days of the Republic	**November 29th and 30th**

These holidays are kept throughout the country. There is another holiday, the Day of the Uprising of 1941, which differs from region to region. Given below are the main regions and the dates when they celebrate this holiday.

Bosnia and Herzegovina	**July 27th**
Croatia	**July 27th**
Istria and the Slovenian coast	**September 9th**
Macedonia	**October 11th and August 2nd**
Montenegro	**July 13th**
Serbia	**July 7th**
Slovenia	**July 22nd**

The year round...

Here are the average monthly temperatures in centigrade and Fahrenheit for some Yugoslavian cities:

	Belgrade °C	Belgrade °F	Ljubljana °C	Ljubljana °F	Dubrovnik °C	Dubrovnik °F
January	0	31	-1	29	8	48
April	11	53	8	48	15	60
July	22	72	19	67	24	78
October	12	54	9	49	18	65

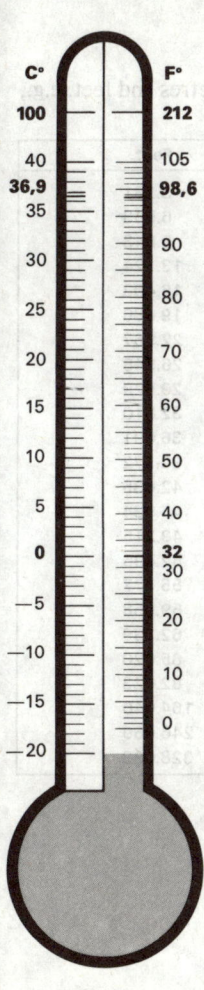

Conversion tables

To change centimetres into inches, multiply by .39.

To change inches into centimetres, multiply by 2.54.

Centimeters and inches

	in.	feet	yards
1 mm	0,039	0,003	0,001
1 cm	0,39	0,03	0,01
1 dm	3,94	0,32	0,10
1 m	39,40	3,28	1,09

	mm	cm	m
1 in.	25,4	2,54	0,025
1 ft.	304,8	30,48	0,304
1 yd.	914,4	91,44	0,914

(32 metres = 35 yards)

Temperature

To convert Centigrade into degrees Fahrenheit, multiply Centigrade by 1.8 and add 32.

To convert degrees Fahrenheit into Centigrade, subtract 32 from Fahrenheit and divide by 1.8.

Metres and feet

The figure in the middle stands for both metres and feet, e.g., 1 metre = 3,281 ft. and 1 foot = 0,30 m.

Metres		Feet
0.30	1	3.281
0.61	2	6.563
0.91	3	9.843
1.22	4	13.124
1.52	5	16.403
1.83	6	19.686
2.13	7	22.967
2.44	8	26.248
2.74	9	29.529
3.05	10	32.810
3.35	11	36.091
3.66	12	39.372
3.96	13	42.635
4.27	14	45.934
4.57	15	49.215
4.88	16	52.496
5.18	17	55.777
5.49	18	59.058
5.79	19	62.339
6.10	20	65.620
7.62	25	82.023
15.24	50	164.046
22.86	75	246.069
30.48	100	328.092

Other conversion charts

For	see page
Clothing sizes	115
Currency converter	136
Customs allowances	23
Distance (miles-kilometres)	144
Fluid measures	142
Tire pressure	143

Weight conversion

The figure in the middle stands for both kilograms and pounds, e.g., 1 kilogram = 2.205 lb. and 1 pound = 0.45 kilograms.

Kilograms (kg.)		Avoirdupois pounds
0.45	1	2.205
0.90	2	4.405
1.35	3	6.614
1.80	4	8.818
2.25	5	11.023
2.70	6	13.227
3.15	7	15.432
3.60	8	17.636
4.05	9	19.840
4.50	10	22.045
6.75	15	33.068
9.00	20	44.889
11.25	25	55.113
22.50	50	110.225
33.75	75	165.338
45.00	100	220.450

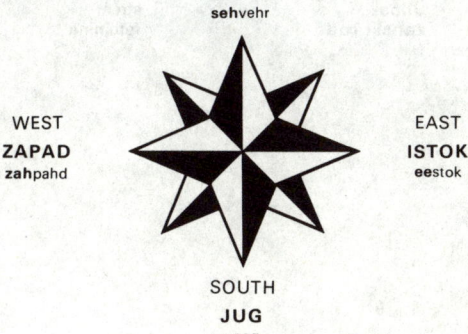

NORTH
SEVER
sehvehr

WEST
ZAPAD
zahpahd

EAST
ISTOK
eestok

SOUTH
JUG
yoog

Common abbreviations

Here are some common abbreviations you are likely to encounter.

br.	broj	number
DIN.	dinar	dinar
g.	gospodin	Mister
gdja.	gospodja	Mrs.
gdjica.	gospodjica	Miss
god.	godina	year
h-s	hrvatskosrpski	Croato-Serbian
itd.	i tako dalje	and so on
jedn.	jednina	singular
mn.	množina	plural
m.r.	muški rod	masculine
o.g.	ove godine	this year
o.m.	ovog meseca	this month
p.	para	para (coin)
raz.	razred	class-room
rkt.	rimokatolik	Roman Catholic
SFRJ	Socijalistička Federativna Republika Jugoslavija	Socialist Federal Republic of Yugoslavia
SR	Socijalistička Republika	Socialist Republic
s-h	srpskohrvatski	Serbo-Croatian
šk.god.	školska godina	school year
tel.	telefon	telephone
tj.	to jest	that is
ul.	ulica	street
ž.r.	ženski rod	feminine

What does that sign mean?

You are sure to encounter some of these signs or notices on your trip.

Dame	Ladies
Gospoda	Gentlemen
Guraj	Push
Hladno	Cold
Izlaz	Exit
Kasa	Cash desk, cashier's
Kucajte	Knock
Muškarci	Men
Nedeljom zatvoreno	Closed on Sundays
Ne diraj	Do not touch
Nepušači	Non-smokers
Obaveštenja	Information
Opasnost po život	Mortal danger
Otvoreno	Open
Pešaci	Pedestrians
Pušači	Smokers
Pušenje zabranjeno	No smoking
Radi od...do...	Open from...to...
Rasprodaja	Sale
Stoj	Stop
Toplo	Warm
Ulaz	Entrance
Ulaz slobodan	Entrance free
Ulaz zabranjen	No entrance
Visoki napon	High voltage
Vuci	Pull
Za izdavanje	To let
Zatvoreno	Closed
Zauzeto	Occupied
Zvonite	Ring

ČUVAJ SE PSA
BEWARE OF THE DOG

Emergency!

By the time the emergency is upon you it's too late to turn to this page to find the Serbo-Croatian for "I'll scream if you...". So have a look at this short list beforehand – and, if you want to be on the safe side, learn the expressions shown in capitals.

Be quick	Požurite	pozhooreeteh
Call the police	Zovite policiju	zoveeteh poleetseeyoo
CAREFUL	OPREZNO	oprehzno
Come here	Dodjite ovamo	dojeeteh ovahmo
Come in	Udjite	oojeeteh
Danger	Opasnost	opahsnost
Fire	Vatra	vahtrah
Gas	Gas [plin]	gahs [pleen]
Get a doctor	Zovite doktora	zoveeteh doktorah
Go away	Odlazite	odlahzeeteh
HELP	U POMOĆ	oopomoch
Get help quickly	Dovedite pomoć, brzo	dovehdeeteh pomoch berzo
I'm ill	Bolestan (bolesna*) sam	bolehstahn (bolehsnah) sahm
I'm lost	Zalutao (zalutala*) sam	zahlootaho (zahlootahlah) sahm
I've lost my...	Izgubio sam svoj...	eezgoobeeo sahm svoy
Leave me alone	Ostavite me na miru	ostahveeteh meh nah meero
Lie down	Lezite	lehzeeteh
Listen	Slušajte	slooshahyteh
Listen to me	Slušajte me	slooshahyteh meh
Look	Pogledajte	poglehdahyteh
LOOK OUT	PAZITE	pahzeeteh
POLICE	POLICIJA	poleetseeyah
Quick	Brzo	berzo
STOP	STANITE	stahneeteh
Stop here	Stanite ovde	stahneeteh ovdeh
Stop that man	Zaustavite onog čoveka	zahoostahveeteh onog chovehkah
STOP THIEF	DRŽITE LOPOVA	derzheeteh lopovah
Stop or I'll scream	Prestanite ili ću vikati	prehstahneeteh eelee choo veekahtee

* Feminine. See Grammar.

FOR CAR ACCIDENTS, see page 149

Emergency numbers

Ambulance ....

Fire ....

Police ....

Fill in these as well

Embassy ....

Consulate ....

Taxi ....

Airport information ....

Travel agent ....

Hotel ....

Restaurant ....

Babysitter ....

....
....
....
....
....
....
....
....
....

Index

Abbreviations	186	Doctor	162
Alphabet	7	Drinks	56
Arrival	22	Dry cleaning	126
Authors	105		
		Eating out	38
Baggage	24	alcoholic drinks	56
Ballet	82	appetizers	44
Bank	134	cheese	51
Beach	87	dessert	53
Body	163	egg dishes	45
Breakfast	34	fish	46
Bus	73	fowl	49
		fruit	52
Cables	138	game	49
Camping	89	meat	47
equipment	106	ordering	41
Car	142	seasonings	49
accidents	149	snacks	63
breakdown	150	soft drinks	62
parts	151	soups	45
rental	26	vegetables	49
repairs	154	Emergency	188
Casino	85		
Church services	79	Filling stations	142
Cinema	80	Friends	92
Coach	73		
Colours	112	Games	84
Concerts	82	Grammar	17
Countries	174		
Countryside	89	Hairdressing	121
Customs	23, 145	Hotel	28
		breakfast	34
Dancing	84	checking in	29
Dating	95	checking out	37
Days	180	difficulties	35
Dentist	172	registration	32
Directions	25, 144	service	33

Introductions	92	camping	106
Invitations	94	chemist	108
		clothing	112
Materials	113	drugstore	108
Meals	38	dry cleaning	126
Measurements:		electrical appliances	119
fluids	142	hairdresser	121
km/miles	144	jeweller	123
metric	184	laundry	126
sizes (clothing)	115	newsstand	104
temperature	183	pharmacy	108
tire pressure	143	photography	127
weights	185	provisions	129
Medical section	162	shoes	116
Money	134	shops, list of	98
Months	181	souvenirs	131
Movies	80	stationer	104
Music	120	tobacconist	132
		watchmaker	123
Night clubs	83	Sightseeing	75
Numbers	175	Signs and notices	187
		Sizes (clothing)	115
Opera	82	Snacks	63
Optician	173	Some basic expressions	10
		Sports	86
Passport control	22		
Porters	24	Taxis	27
Post office	137	Telegrams	138
Pronunciation	7	Telephone	139
Public holidays	182	Theatre	80
		Time	178
Reference section	174	Travel	65
Relaxing	80	bus	73
Restaurants	38	car	142
Roads	146	plane	65
Road signs		tickets	67
Yugoslavian	148	train	66
international	160		
Seasons	181		
Shopping guide	97	Weather	95
bookshop	104	Wine	56

Quick reference page

Please.	**Molim Vas.**	moleem vahs
Thank you.	**Hvala Vam.**	hvahlah vahm
Yes/No.	**Da/Ne.**	**dah/neh**
Excuse me.	**Izvinite.**	eezveeneeteh
Waiter, please.	**Konobar, molim Vas.**	konobahr moleem vahs
How much is that?	**Koliko staje?**	koleeko stahyeh
Where are the toilets?	**Gde su toaleti?**	gdeh soo toahlehtee

Toaleti (toahlehtee)	Toilets
Muški (**moo**shkee)	**Ženski** (**zhehn**skee)

Could you tell me...?	**Možete li mi reći...?**	mozhehteh lee mee **reh**chee
where/when/why	**gde/kada/zašto**	gdeh/**kah**dah/**zah**shto
Help me, please.	**Pomozite mi, molim Vas.**	pomozeeteh mee moleem vahs
Where's the ... embassy?	**Gde je ... ambasada?**	gdeh yeh ... ahmbah**sah**dah
American British	**Američka Britanska**	ah**meh**reechkah **bree**thanskah
What time is it?	**Koliko je sati?**	ko**lee**ko yeh **sah**tee
What does this mean? I don't understand.	**Šta ovo znači? Ja ne razumem.**	shtah ovo **znah**chee? yah neh rah**zoo**mehm
Do you speak English?	**Da li govorite engleski?**	dah lee go**vo**reeteh **ehn**glehskee

Tipping recommendations

Although tipping is officially discouraged, tips are nevertheless expected by, for example, porters and taxi drivers. It is also customary to round off a payment when service is included, and leave the small change.

Obviously, tipping is an individual matter, and the correct amount to leave varies enormously with category of hotel or restaurant, size of city and so on. The sums we suggest represent normal tips for average middle-grade establishments.

HOTEL	
Service charge, bill	10% included
Porter, per bag	30 dinars
Bellboy, errand	20 dinars
Chambermaid, per week	200 dinars
Doorman, hails cab	20 dinars
RESTAURANT	
Service charge, bill	10% included
Waiter	5–10%
Hat check	5–10 dinars
Lavatory attendant	5–10 dinars
Taxi driver	optional
Barber/Women's hairdresser	10%
Tour guide	5–10%
Bus driver on excursions	30–50 dinars

$4.95 U.S.A. and Canada
BERLITZ®

Serbo-Croatian for English-Speaking Travellers

PRONUNCIATION AT-A-GLANCE IN BERLITZ PHRASE BOOKS

Distributed by / Distribuciju vrši

Macmillan Publishing Co., Inc., New York
ISBN 0-02-964150-0

Cassell Ltd., London
ISBN 0-304-96415-8

With pronunciation shown throughout the text, this Berlitz guide will help you make yourself understood in almost any situation in Yugoslavia. Still having difficulties? Point to a phrase in the Serbo-Croatian script, and get an answer back in your own language. Packed with useful travel information, colour-coded for quick reference, this title in the world's best-selling phrase book series will make your trip more enjoyable!

Table of contents (For complete index, see pp. 191-192)

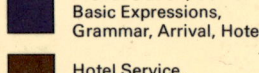

- Pronunciation, Some Basic Expressions, Grammar, Arrival, Hotel
- Hotel Service, Eating Out
- Travelling Around, Sightseeing, Relaxing, Camping & Countryside, Making Friends
- Shopping Guide
- Provisions, Souvenirs, Tobacconist's, Bank, Post Office, Telephone
- The Car: Service Station, Information, Repairs, Road Signs
- Doctor, Dentist, Optician
- Reference Section

Cover Photo Courtesy Daniel Vittet, Geneva